只有一次的成长

帮孩子把握情绪、社交、精神发展关键期

[美] 赛西·戈夫（Sissy Goff）
[美] 大卫·托马斯（David Thomas）　著
[美] 梅丽莎·特雷瓦坦（Melissa Trevathan）

张　磊　译

机械工业出版社
CHINA MACHINE PRESS

这是一本帮助家长识别和把握孩子在情绪、社交、精神发展这三个成长关键期的养育工具书。

三位心理学专家将几十年关于儿童和青少年的社会情感发展研究和临床实例相结合，总结出了关于男孩和女孩在情绪管理、共情能力、自我和他人意识、互惠能力、责任感、边界感、价值感等10个重要能力的状态差异和所遇到的成长"绊脚石"，通过极具指导意义的养育方法和实用家庭练习，帮助家长培养出拥有稳定情绪，具备共情能力、社交智慧和抗压力的孩子，也希望孩子在家长的支持和引导下拥有独立的人格，理解自我价值的意义。

Copyright © 2017 by Helen S. Goff, David Thomas, and Melissa Trevathan.

Originally published in English under the title Are My Kids on Track? by Bethany House Publishers, a division of Baker Publishing Group, Grand Rapids, Michigan, 49516, U.S.A.The simplified Chinese translation rights arranged through CA-LINK International LLC.（本书中文简体版权经由凯琳国际取得）

This edition is authorized for sale in the Chinese mainland (excluding Hong Kong SAR, Macao SAR and Taiwan)

此版本仅限在中国大陆地区（不包括香港、澳门特别行政区及台湾地区）销售。未经出版者书面许可，不得以任何方式抄袭、复制或节录本书中的任何部分。

北京市版权局著作权合同登记号　图字：01-2022-5376号。

图书在版编目（CIP）数据

只有一次的成长：帮孩子把握情绪、社交、精神发展关键期 /（美）赛西·戈夫（Sissy Goff），（美）大卫·托马斯（David Thomas），（美）梅丽莎·特雷瓦坦（Melissa Trevathan）著；张磊译. -- 北京：机械工业出版社，2025. 2. -- ISBN 978-7-111-77108-1

I. G78

中国国家版本馆CIP数据核字第2024VK4688号

机械工业出版社（北京市百万庄大街22号　邮政编码100037）
策划编辑：丁　悦　　　　　责任编辑：丁　悦
责任校对：肖　琳　张　薇　责任印制：常天培
北京联兴盛业印刷股份有限公司印刷
2025年4月第1版第1次印刷
165mm×225mm・20.75印张・1插页・203千字
标准书号：ISBN 978-7-111-77108-1
定价：69.80元

电话服务　　　　　　　　网络服务
客服电话：010-88361066　机 工 官 网：www.cmpbook.com
　　　　　010-88379833　机 工 官 博：weibo.com/cmp1952
　　　　　010-68326294　金 书 网：www.golden-book.com
封底无防伪标均为盗版　　机工教育服务网：www.cmpedu.com

前　言

"我的孩子会前滚翻和后滚翻吗?"
"我的孩子听到叫自己名字后会有反应吗?"
"我的孩子能自己坐起来吗?"

育儿之路上,处处充满疑问。有时候,问题比答案多。一个儿科医生一进医院,就在一直回答关于喂食、睡觉、上厕所及其他一系列的问题。一个上厕所问题就能说那么多,真让人惊讶!

"我怎么才知道我的孩子喝够了牛奶?"
"我的孩子是新生儿,平日会睡多久呀?"
"我的孩子应该多久上一次厕所?便便是什么颜色才正常呀?"

我们齐心协力地跟踪记录孩子的身高、体重、睡眠模式、喂食安排、疝气和黄疸指标、返流、排便、警觉状况、反应能力、疫苗接种的过程和反应，等等。初为父母才几个星期这些担忧就已经有了。

  大多时候，我们提问时满怀期待。但也有时候，我们会心怀恐惧。

  某些问题在一些发展关键期会尤其明显，而且它们一定会出现。"发展关键期"是发育的指标，能让我们评定孩子是否在健康成长。

  一些关键指标尤其能帮助我们确定孩子是否按时进入了某种发育的关键期。当孩子发育迟缓，关键期缺失，我们就会提出更多的疑问。

  那些像翻身、撑卧、坐立、爬行、站立等的大运动发展节点，让我们能确定孩子身体上的变化是积极的。孩子一旦进入学业阶段，我们也能根据一些测评确认他们在认知上的变化。我们能测评孩子的智商、工作记忆能力、信息处理速度等。我们甚至能准确地判断孩子阅读能力是否已经处在二年级第三个月第四周的水平。在医院和学校间穿梭，我们就记录和确认了孩子的身体和认知发展状况。我们了解孩子在关键节点的进步，确定发展程度的百分比，辨认各项空缺，安排后续支持。在身体和认知方面的关注我们做到了无微不至。

  但是，心灵呢？我们又该怎么办？

孩子在情绪、社交和精神发展上也有三个关键期，却少有确切的定义。这些是孩子成长道路上最重要的三个关键期。正是在度过这些关键期的过程中孩子才学会如何成为子女、扮演兄弟姐妹和朋友等角色。孩子在情绪、社交和精神上的发展，也决定了他们日后如何扮演夫妻、父母、朋友和同事等角色。

"你的儿子青春期时犯错会主动承认错误吗？还是，会责怪其他人呢？"

"你的女儿能不受他人操纵，勇敢地表达自己的需求吗？"

"你的孩子到了上小学的年纪，是不是还会像蹒跚学步时一样，容易情绪失控？"

"你的孩子到了青春期，是否已经具备了一定的信念，以顺利步入成年期？"

陷入困境的父母

我们一直在寻找孩子进入情绪、社交和精神发展关键期的证据，同时我们也在寻找孩子在身体和认知层面进入关键期的标志。如果发现没有进展，那就要从另外一个角度重新审视目前的状况。我们三个作者从事心理咨询工作，加起来已有七十年了，每天同许多家庭一起观察儿童、青少年如何在情绪、社交和精神上的发展。有时候，孩子陷入困境，我们就要马上介入，提供帮助。

可悲的是，我们见过很多成年人，在自我提升上也会陷入困境。有些成年人的行为举止仍像青少年。打开电视看"家庭主妇"系列中的任何一期，你就能发现一群中年妇女表现得却像一群女中学生一样。我们生活中也有一些活生生的例子。那些成年人没有成功度过情绪或是社交的关键期，面对问题，重复着自己受困时的表现。

几年前，我们为一个家庭提供咨询服务，那个家庭里的成员正经历离婚之苦。男主人是一名内科医生，事业有成。当然，他不只是一名医生，还是一名成功的企业家。他在全市各处置业，带来的收益数以百万美元。在外人看来，他非常成功，早年就读于知名医学院，把家安在城市的富人区，把孩子送入顶级的私立学校就读，带全家在全球各处度假。

可悲的是，他的妻子觉得他傲慢、自私、情绪反复无常。在妻子看来，丈夫诊所的护士离职，他的投资合伙人撤出投资项目，自己和他的婚姻数年来也"危在旦夕"，这都是他的问题造成的。他绝不是一名好雇主、好生意伙伴、好婚姻伴侣。

在孩子眼中，他们的父亲容易发怒、脾气暴躁，且要求很高。在孩子分享的故事里，爸爸和妈妈在公开场合，如餐馆、足球赛场或是在参加校园活动时会争论不休，甚至有时会当着孩子的教练、老师、朋友和其他家长的面发生争执。这位父亲冲动、暴躁、喜怒无常，行为像个十几岁的孩子。这个才华横溢、受过良好教育的人已经习惯于我行我素的生活。大多数人面对他时都会退缩，会迁就他。他则会责备、惩罚自己身边的人。

在家庭访谈中，他丝毫没有共情行为，也不会管理自己的情绪。当回顾自己在公开场合中的言行时，他也很挣扎。他无法换位思考，从孩子的视角考虑问题，重新审视冲突的原因和过程。他缺乏自我意识，和他共事，就像和一个不知如何共情，不懂互惠，不会自我控制的青少年相处一样。这种青少年很容易会陷入一种困境，当遇到问题，就指责身边的人。他觉得家长太严格，老师总是和自己"作对"。

这个父亲错过了几个情感和社交发展的关键期。他在学业和身体发展上一马当先，却在情感和社交发展方面明显落后。当他开始毁掉自己与其他人（配偶、孩子、同事，生意伙伴还有朋友）的关系时，这个问题就更明显了。

从担忧中走出来

我们三位在所供职的明日之星儿童和青少年咨询公司工作时,也和另外一些家长沟通过。那些家长乐于投入,也有自己的养育计划,并有兴趣支持孩子成长。我们和不同的孩子接触后发现,那些情绪良好的家长能更好地在情绪上给予孩子支持。我们作为父母,只能贡献自己拥有的东西。在16岁时情绪发展不成熟,就没办法在成年后更好地帮助自己的孩子健康地步入成年。那位富有的医生无法独立帮助孩子解决冲突。他的妻子无法和他同住一个屋檐下,他们的孩子当然也无法学会在未来如何和异性相处的方法,了解一个成年人犯错并从中学习,或是拥有管理情绪的能力是什么样子的。

我们作为成年人必须让自己在情绪、社交和精神上发展成熟,才能引领自己的孩子朝着这些关键期前进。如果你一想到需要先让自己成熟,下意识蹦出"哎呀"这样的词,又或者你的配偶拉着你一起阅读这本书时,请千万别害怕。

在这本书中,我们把孩子情感、社交、精神成长的关键期进行了具体的阐述。我们会明确定义这几个关键期,会厘清通往这些关键期途中会遇到的"绊脚石",也会讨论男孩和女孩度过这些关键期的"垫脚石"。最后我们会提供切实可行的办法，帮助孩子实现目标。

我们希望可以帮助父母们审视过去，探究你们的过去对现在为人父母的影响。我们相信，相比被动地接受信息，孩子通过观察学到的要更多。他们需要观察我们如何在情绪、社交及精神成长上顺利进入成年期，以便在自己的人生路途中收获更多的自信和希望。

我们并不是想在你或者你的孩子身上寻找证据，用来论证以上的观点。没有人能在生活的每时每刻都与他人共情。孩子有时会情绪崩溃，他们面对不同情况，会在明知对错的意识下，越过正确的边界，挣扎其中。随着时间的推移，我们相信，孩子处理情绪问题的技能会有所长进。如果我们发现孩子的某一项技能有所退化，那就值得我们再提出疑问，从别的角度去审视新出现的问题。

我们经常出于担忧而非爱去谈论养育问题。当我们在一些问题上纠结，花费过多时间时，我们就不可避免地陷入出于担忧而去育儿的境地。我们相信，如果家长处在担忧和焦虑中，那么孩子永远也无法从父母这里获得更好的帮助。我们希望，这本书能帮家长从担忧中走出来，走向希望，让家长们结交那些深切关心孩子和家庭的良师益友。

目 录

前 言

第一阶段　情绪关键期

第一章　情绪词汇　　002
情绪素养是先决条件　　004
女孩比男孩的情绪更丰富吗？　　006
男孩的情绪绊脚石　　007
　被传统文化中的男子气概压抑　　007
　被丰富的情绪淹没　　008
　情绪词汇和理智匮乏时的"万能牌"　　011

CONTENTS

男孩的情绪垫脚石 013
理解和尊重的亲子关系 013
把情绪命名融入生活 016
健康的情绪表达示范 017

在外压抑负面情绪，只表现正面情绪的女孩 019
女孩的情绪绊脚石 021
取悦在乎的人所带来的情绪压抑 021
被完美主义绑架 022
用愤怒掩盖真正的情绪 024

女孩的情绪垫脚石 026
用情绪图表明确情绪 026
看到和肯定她的价值 028
表达负面情绪的模板 031

小结 033
用情绪词汇表达的家庭练习 034

第二章　情绪管理 036
男孩先抚平情绪，再管理情绪 039
男孩的情绪管理绊脚石 040

父母用支持的名义干涉孩子管理情绪　　　　　　040
不分等级的处罚方式　　　　　　　　　　　　　042
溺爱是另一种形式的干涉和逃避　　　　　　　　043

男孩的情绪管理垫脚石　　　　　　　　　　　044
列出缓解情绪问题的活动清单　　　　　　　　　044
在情绪空间中练习宣泄情绪　　　　　　　　　　046
练习使用情绪提示信号　　　　　　　　　　　　048

女孩擅长掩埋情绪，而不是管理情绪　　　051

女孩的情绪管理绊脚石　　　　　　　　　　　052
用夸张的行为得到别人的关注　　　　　　　　　053
家庭噪声过多阻碍了相互聆听　　　　　　　　　055
被夸大描述的情绪　　　　　　　　　　　　　　058

女孩的情绪管理垫脚石　　　　　　　　　　　060
用情绪量表给情绪定级　　　　　　　　　　　　060
提前预警和找到应对技巧　　　　　　　　　　　062
需要承担后果的警告信号　　　　　　　　　　　066

小结　　　　　　　　　　　　　　　　　　067

拥有情绪管理能力的家庭练习　　　　　　　070

第三章　共情　　072

男孩越小越易培养共情能力　　076

男孩的共情绊脚石　　077
天生的竞争意识　　077
狭义的"男子气概"　　078
冲动的行动力　　079

男孩的共情垫脚石　　080
用实践练习积极倾听　　080
用电影、绘本、写作学习共情　　081
用尊重对方的方式提出反对意见　　083

女孩富有同情心不是具有共情能力　　085

女孩的共情绊脚石　　087
自以为是　　087
对他人需求缺少关注　　089
过度关注自己的情感　　090

女孩的共情垫脚石　　092
与他人共情的意识　　092
找到谦虚待己的地带　　094
用行动去练习谦虚　　096

小结　　097

培养共情能力的家庭练习　　098

第四章　应对智慧　　　100

男孩在面对困难时的应对智慧　　　102

男孩拥有应对智慧的绊脚石　　　104
用责备迫使他人与自己一起分担痛苦　　　104
回避自己正在感受的情绪　　　106
用"否认"模式麻木自我　　　108

男孩拥有应对智慧的垫脚石　　　109
在争执和质疑后学会接受　　　109
学会克制，承受延迟满足　　　111
把情绪管理好再进行理性评判　　　112

女孩先天拥有的应对智慧在慢慢退化　　　115

女孩拥有应对智慧的绊脚石　　　115
铺路型父母　　　115
期待更多的情绪特权　　　118
对自己过高的期待　　　120

女孩拥有应对智慧的垫脚石　　　121
学会思考　　　122
学会保护自己的身体和信心　　　123
积累人生经验　　　124

小结　　　126

拥有应对智慧的家庭练习　　　128

第二阶段　社交关键期

第五章　自我意识和他人的意识　132

在意识发展上处于落后的男孩　137

男孩的意识绊脚石　138
大脑太过关注目标，没有暂停键可用　138
不擅长解读非语言信息　140
过于渴望胜利　141

男孩的意识垫脚石　142
用非语言方式进行提示　142
用角色扮演去体验　143
身边女性帮男孩理解语言和非语言的社交信息　145

女孩天生拥有意识　147

女孩的意识绊脚石　150
对社交提示信号的理解缺失　150
某一阶段对他人消散的意识　154
沉迷于虚拟世界，丧失了与现实世界的联系　156

女孩的意识垫脚石　157
家长的示范　158
找机会就积累经验　160
养只宠物　162

小结　164

构建自我和他人意识的家庭练习　166

第六章　互惠　168

男孩需要持续练习互惠能力　170

男孩的互惠绊脚石　172
缺乏互惠意识　172
男性文化中的互惠缺陷　175
妈妈的价值是满足男孩的需求　176

男孩的互惠垫脚石　178
尊重　178
诚恳和谦卑　181
求知欲　182

女孩希望拥有互惠关系　184

女孩的互惠绊脚石　185
内向，所以与他人保持距离　185
争强好胜　188
讨好　190

女孩的互惠垫脚石　192
倾听　192
学会提问　195
信任　198

小结　199

建立互惠关系的家庭练习　202

第七章 责任感 203

缺乏担当的男孩 205

男孩的责任感绊脚石 206
责备他人 206
理所当然 207
社会文化 208

男孩的责任感垫脚石 209
诚恳道歉 209
下定决心 211
修复错误 212

过度自责的女孩 215

女孩的责任感绊脚石 216
完美主义 216
享受特权的意识 217
过度自责 220

女孩的责任感垫脚石 221
用行动表达共情 221
适当表达"对不起" 223
家长的示范 225

小结 227

提高责任感的家庭练习 228

第八章　边界感　230

给男孩设定界限　233

男孩的边界感绊脚石　233
自动提款机式的育儿　233
无规矩的育儿　234
目光短浅的育儿　235

男孩的边界感垫脚石　236
言简意赅地说清结果　237
父母间沟通育儿问题　237
达成约定　239

女孩更容易被界限问题困扰　240

女孩的边界感绊脚石　242
不够好　242
过度分享　246
被动攻击型人格障碍　250

女孩的边界感垫脚石　252
力量与善良　252
优秀的表达模板　254
足够多的肯定　257

小结　258

设定边界感的家庭练习　260

第三阶段　精神发展关键期

第九章　身份意识　264
"绊脚石"和"垫脚石"总是同时出现的青春期　268
觉醒和迷茫　268
保护、竞争、比较和准备　272
精神关系　278

小结　279

增强身份意识的家庭练习　280

第十章　价值感　281
价值感绊脚石　284
自满情绪　284
大脑中的高风险反应　287
直来直去的前门型家长　289

价值感垫脚石　292
责任感　292
挑战力　297
经验　300
你自己的价值　305

小结　308

拥有价值感的家庭练习　309

情绪词汇

情绪管理

共情

应对智慧

第一阶段
情绪关键期

01

孩子需要在自己的生活中意识到，不管是男孩还是女孩都在表现出力量、勇气、自信的同时，也需要表达脆弱、悲伤，甚至生气的情绪。她需要通过成年人的行为和言语明白，情绪是自己身体的重要部分，也同样是天赋的一部分。

第一章　情绪词汇

不管你走进世界上哪一所幼儿园的教室，都会发现，无论哪个国家、哪座城市，也无论哪种文化，也无论说什么语言，都有一个共同的学习内容：英文字母表。每一位老师都明白：在教室明显的地方挂上字母表能强化认知，强化连接，促进语言能力发展。字母构成单词，单词构成句子，句子构成段落，这就是构建语言的"砖块"。

张贴的目标其实很明确。孩子看到字母的次数越多，他们就越熟悉。老师在课堂上指着这些字母，会用嘴把这些字母说出来，在整个上课过程中使用这些字母，强化已有的联系。父母会看着自己孩子记住了那些贴在墙上的字母形状。孩子的小手会握着铅笔，勾画出直线和曲线，描绘出字母的形状，练习这种联系。

熟悉字母表能让孩子认识、书写字母。自然而然，他们就掌握了读写技能。我们如果能在这方面多花精力，孩子就会熟练掌握阅读和写作技能，为将来所有的学习打下坚实的基础。孩子如果能使用类似方法，学会处理情绪问题的技巧，那也为健康的社会情感发展能力垫定了基础。

任何时候，只要我们所说的东西关乎孩子，一定会引起家长的关注。为什么孩子的情绪变化剧烈，情绪崩溃，简单发泄出来，也会导致精神错乱或者"情绪完全失控"。问题的关键是如何培养孩子管理情绪的能力。学会"控制"与学会"读写"一样。这是一种情绪技巧，并不是认知技巧，但是两者的构建基础类似。我们首先要教会孩子感受词汇，然后才会有这样的表述："我姐姐不想和我一起玩，我很伤心。"这些表述会引发行为，或者可以说是有建设性地使用情绪。这些是情绪发展的基础条件。

当孩子缺乏情绪词汇的时候，或是孩子没有接受训练的时候，他们不能有建设性地使用情绪，也就没有能力在情绪起伏的时候控制好自己。期待他们在缺乏这些基本技能的时候就做到自我控制，就像丢给一个两岁的孩子一本《夏洛的网》，让他大声朗读出来一样不合情理。孩子连字母、单词或者句子都还不知道。所以，我们要教给他们基础的内容，帮助他们辨认出成长道路上的绊脚石。我们首先会清晰定义这些绊脚石，提供一个检查表，帮助孩子朝着这些里程碑前进。

情绪素养是先决条件

一切都始于学会用情绪词汇表达的关键期,也可以理解为识别和清楚表达自己和他人情绪的能力。情绪素养是管理、练习共情、智谋、培养健康人际交往关系的先决条件。我们要向拥有这种情绪素养能力靠拢。我们作为父母、教育者、关心孩子的人,应该有一种紧迫感,将情绪素养贯穿到家庭日常和学习生活之中,优先考虑这些关键期将会把我们的孩子塑造成什么样的人。

我们忍不住好奇,如果这些关键期养成的能力成为我们家庭优先考虑的养育内容,将社会情感学习当成一门学科,就像数学和科学那样,离婚率会有很大程度的降低吗?

在美国,成千上万的人或是因为药物成瘾,或是因为饮食失调接受治疗,人们还有很多种其他方式回避、否认、压抑自己的情感。如果人们拥有了社会情感能力,上述这些情况会发生改变吗?

如果孩子在成长过程中受到情绪强烈的影响时,我们优先教授孩子如何以一种健康的方式调控情绪,那么社会文化会发生什么样的变化吗?

如果我们自己对情绪发展的投入和对美国青少年体育运动

的投入一样多，那情况又会如何？

在你因为这个问题，把这本书扔到房间的角落之时，强烈建议你先听我们说完课外活动对孩子的好处，列举有组织的体育运动带来的全方位的好处。这些运动不光对孩子身体成长有益，而且也为孩子的情绪和社交发展提供了宝贵的平台。这包括了提升毅力、团队精神、勇气、应对失败等能力。

我们呼吁家长一定要将这些关键期看作孩子最重要的发展期，也充分意识到为了实现目标需要付出的沟通成本。成本之一便是看着你12岁的儿子愤怒地对他说："我只会掏钱，送那些尊重他人又有责任心的孩子去学足球。今天我不送你去了，你要自己打电话给教练，告诉他你决定不参加今天的训练！我不知道会有什么后果。但我无论如何我都会支持你。我后续会和教练跟进情况，确保你和教练联系了。"

优先考虑这些关键期也可能意味着参加家庭教师协会，研究儿童性格发展课程，呼吁学校董事会在孩子教育过程中融入社会情感学习，涉及的合作、共情、服务、礼貌等内容要和数学、科学、社会研究还有阅读这些课程一样，得以定期讨论。

在家庭中优先考虑这些关键期不需要花费太多精力。这会很有趣，也能建立你和孩子之间的联系。活动形式可以是家庭电影活动，后面还可以安排聊天活动；也可以是周六早晨边吃松饼早餐边聊天的形式；还可以是每周举行一次家庭小会，小会上每个人都积极参与，有所贡献。

我们将通过本书向你介绍许多有原创性的想法。我们希望这些能成为你日常生活的一部分。很多想法不光适用于课堂、周末学校、足球场，在餐桌上也同样适用。让我们现在就开始吧。

女孩比男孩的情绪更丰富吗？

女孩比男孩的情绪更丰富？请一定破除这种流言，因为这与事实相去甚远。

当然，女孩表达情绪的方式与男孩相比有所不同。很多研究证实，女孩情商更高，解读他人情绪的能力也更强。研究还证实女孩对情绪的反应与男孩相比有所不同，但目前还没有研究表明女孩比男孩具有更丰富的情绪。

进入青春期后，女孩确实分泌更多的催乳素。这种激素能刺激身体产生眼泪，它也决定了人们流多少眼泪。男孩和女孩的泪腺不同。这可能导致女孩比男孩更容易流泪。但这并不意味着女孩比男孩情绪更丰富。女孩只是掌握了更丰富的情绪词汇，表达情感的能力更强一些，解读情绪的能力也更好一些。

男孩的情绪绊脚石

 被传统文化中的男子气概压抑

包括生理和文化在内的诸多因素对我们理解男孩、女孩差异发挥着重要作用。

对于男孩,我们教育他们如何展现男子气概,告诉他们在这个世界上成为男孩意味着什么。有时候,我(大卫·托马斯,作者之一)在面对男孩投射给我的情绪信息和状态时,会觉得力不从心。

在我写这些东西的时候,我想起一个朋友曾经给我发的一个 YouTube 上的视频。一个名叫"Always"的品牌精心制作了这个时长 3 分钟、标题为"像女孩一样"(Like a Girl)的短片。这个视频反驳了我们向女孩和男孩传递的文化信息,即当某个男孩跑起步来像女孩,投掷东西的样子像女孩,做很多事也像女孩时,便认同这个男孩有软弱的性格特征。这个视频是个社

会实验,体现出青春期前的女孩们都认为,奋力奔跑是她们日常自然而然的行为,并不像男孩们认为的扭捏作态。那些健美的女孩,奔跑、投掷、拼搏与击球都展现出力量与活力。

我们的文化则向男女孩传递出很多扭曲的信息。很多男孩相信自己在经历强烈情感时,会认为自己有情感缺陷,遭受伤害,或是表现得缺乏男子气概。于是,他们为了表现出男子气概,竭力压抑某些情感,试图向传统文化中定义的成熟男性特征看齐。

我经常向来访家庭推荐《面具之下》(*The Mask You LiveIn*)这部记录片,它是由 The Representation Project 这一公益组织出品的纪录片。他们想借此探讨什么是男子气概。一个男孩试图掌控自己的情绪时,就会有人采取一系列方式进行指导,以确保他与我们文化中对于男性的定义保持一致。他内心深处会经历千百次恐惧,会听到教练、父母和同伴不止一次告诉他:"像个男人!""别哭了!""别像个小姑娘一样!"男孩不能自由地感受自己的感觉,这样也就无法在某个特定时刻感受到自己拥有男子气概。

 被丰富的情绪淹没

作为治疗师工作时间越长,为成千上万个家庭进行咨询的时间越长，便越能明显感觉到性格在育儿过程中的重要作用。可能我（大卫·托马斯）自己在养育孩子的过程中，对性格培养的重要性都没那么重视。我三个孩子里有一对是同卵双胞胎，这两个孩子出生前后相差3分钟。他们的基因和性别都一样，他们都出自同一个子宫。直到现在，他们还住在同一个房间里。虽然他们的生长环境完全一致，但是两人的性格差异却显而易见。

他们两人都直觉敏锐，善于观察（有人可能会觉得这是由身为心理治疗师的父亲抚养所带来的额外福利），但是这两个儿子里有一个，在生活中经常会有情绪失控的情况。当情绪在内心翻腾，他挣扎着，努力想把这种情绪疏解。这种情况发生过无数次，可能是在家里、在朋友陪伴时、在比赛失利后、在和儿科医生谈话时。他内心沉重，觉得情绪失控就像是成长路上的诅咒一样。只有作为家长的我心里清楚，这种管理情绪的失控和管理过程，这种情绪锻炼其实是一种恩赐，将来会保佑他的妻子和子女。虽然我也这样提醒他。但他还不能完全明白。

我发觉，我们经常能够很早就观察到情绪丰富这项天赋所显现的迹象。最近，我和一位二年级男孩的家长进行了交谈。这个男孩（保罗）是他们4个孩子中的老大，他给父母带来的是疑惑、绝望。父母在养育过程中感到无能为力。保罗是一个聪明、充满好奇心，有时很固执但很有主见、意志坚定的男孩。在父母的描述中，他情感丰富。他开心的时候，周边所有人都感受得到。他沮丧的时候，身边所有人也都觉察得出来。我们谈论了他情绪的深度，以及这样的情绪如何得以发泄。

他们讲述了保罗两岁时候的故事。那天是圣诞节清晨，他爸爸用摄像机记录保罗下楼梯朝着圣诞树走去的场景。他看到了一辆崭新的托马斯小火车绕着轨道行驶，那是他梦寐以求的玩具。他看着父母，大大的眼睛里充满了泪水。他发现这个以后高兴坏了，然后不小心摔在地上，哭了起来。父亲发现事情不像自己想的那样以后，就马上关掉了摄像机。

保罗让自己的父母看到了未来的样子。那个在两岁时看到自己心爱的玩具就激动落泪的男孩，到了五岁、六岁、七岁的时候，也还会觉得自己的情绪管理很难。他经历了千百个情绪爆发的时刻，也会竭尽全力平复心里那股情绪飓风。

在我们引领他往前走之前，我们先要去接受他、拥抱他和赞美他。他是一个能深刻感受事物的男孩，生活经历在他心里发出声声回响。我很感激，因为这个孩子的父母很有远见、有打算，也很支持他。他们想要理解孩子，也想向孩子表示祝贺。他们想帮助孩子成功驾驭这片深邃又丰富的内心世界。

这几年，我遇到过很多像保罗这样的孩子。我不喜欢把他们归类成极度敏感的孩子，这一想法我很排斥。当我碰到像保罗这样的孩子时，我就认为他们拥有超能力，就像蜘蛛侠一样。我会提醒他们，他们能进入一间房间，观察到那些同龄人无法观察到的东西。我有时候会给他们看《蜘蛛侠》这部电影中彼得·帕克发现自己拥有超能力的片段。

我也给孩子们看《超人：钢铁之躯》这部电影中克拉克·肯特刚开始意识到自己拥有超能力这一片段。那会儿他坐在小学教室里，听到了钟表的嘀嗒声。一位同学轻敲铅笔的声音，就像在杜比环绕声中一样。周边的一切声音他都听得格外清晰。他的感官系统已经过载，但他自己却无能为力。他只能哭着跑出教室。这一幕让许多有相似经历的男孩产生共鸣。那些男孩也正在被情绪淹没，发觉自己很难从中脱困。

 情绪词汇和理智匮乏时的"万能牌"

当这股情绪洪流遇到有限的词汇时，这就像是在没有定位系统帮助的情况下在野外驾驶一样，我们一定会拐错弯，或者最后到达的地方并非我们计划的目的地。

如果我们没有教给男孩足够的情绪词汇，那就引导他们把情绪转化为积极的东西，并且要给他们做好示范。我们期望自己的情绪能通过其他方式发泄出来。我经常和一些家长交流，他们无奈地表示在他们的孩子很小的时候（大概 6 岁、7 岁或 8 岁），就说过下面这样的话：

"我希望自己死了！"

"我应该自杀！"

"我讨厌现在的生活！"

基本上没有小男孩是真想自杀的。6 岁的孩子和 16 岁的孩子说同样的话，意义却完全不同。对于一些男孩来说，这些表述就像是我所说的"万能牌"。他们通过亮出这种牌告诉身边的大人自己正在经历很坏的情绪体验。这是他所能表达出来的最强烈的词汇。这也是从别人那里听到的最吓人的话了。这种行为证明他们没有到达可以运用情绪词汇和理智的关键期。

我们的目标是引导他完成运用情绪词汇和理智的关键期，并告诉他："我能看出来你感受到了很多情绪。我们一起探索，一起想办法，看看怎么处理。"你能从刚刚这句话里听出"伙伴意识"吗？

> **和孩子试一试**

你是否做过一个关于信赖的小实验？第一种方法是你被蒙着眼，由另外一个人牵着往前走。对方可能会用命令式的语气和你说话，或者干脆就带着你走到确定的地点。不管怎么样，他都陪你一起走在这片没有定位系统的野外之地。

第二种方法我不喜欢。男孩被蒙着眼,另一个人在旁边叫喊着说出指令:"向左转,向前走六步。抬腿,脚边有一块很大的木头。"

开始的时候,男孩希望另一个人一直陪在他身边,因为他正走向关键期。在下文中,我会介绍一个概念——"空间"。一开始,我们会和他们一起进入空间,不会让他们一个人进去。但最后他们会一个人走入空间,但请家长们向孩子们承诺,当他们误入荒野时,能感受到你们的手就搭在他们的肩膀上。

男孩的情绪垫脚石

 理解和尊重的亲子关系

关系是万物之始。事实上,我们会认为万事万物都始于关系,也终于关系。你也许已经读了好几百本书,也在亲子相处的日常中练习过好几百遍,参加过上百场家长会。但一切养育问题的根源都因关系而起。

"我是不是不加评判地去倾听孩子的想法"?
"我是不是不加纠正地去倾听孩子的想法"?
"我是不是强迫孩子接收我的建议"?

我目前正在给一个有两个孩子的离异家庭提供咨询服务。他们家里的大儿子已经上大学了，小儿子读高二。我在他们的父母从分居到离婚期间一直为两个孩子提供咨询服务，他们都经历过一些情绪变化。父母都想给予他们支持。他们的爸爸遇到了另一个女人。他相信这段新感情会给自己带来"数年来从未体验过得幸福"新女友也有一个6岁的儿子，十分活泼。

我告诉两个男孩如何坦诚、尊重地和自己的爸爸相处。其中大儿子记下笔记，我在咨询过程中和他进行了角色扮演游戏："爸爸，我还在挣扎着试图接受你和妈妈离婚这件事。你离婚还不到一年，就有了一段新的感情。我很害怕。我觉得很生气。你居然要我和一个我不认识的6岁孩子经常在一起生活。你现在对我的要求太多了。"

另一个上高中的儿子艾瑞克，终于鼓足勇气和爸爸交流。他们的交谈很深入，说得声泪俱下。他和爸爸分享了自己写下来的内容。前几秒，爸爸还能听进去，随后便爆发了，质问孩子："你难道不希望我幸福吗？"接着爸爸就开始了说教。内容是孩子一点也不知道他经历了什么，也不懂成年人的生活是什么样子。我陪这个勇气可嘉的孩子坐着，他一边哭泣一边试图控制受到忽视和遭到误解的情绪。

有时候，我希望成年人在结婚生子之前能够展现出两到三项社会情感技能。设想一下，这就好比你在拿到驾照之前要通过笔试和技能测验一样。我觉得这个要求可能会改变一些结果，可能你需要上一下"改善关系学校"。就像你违反了交通规则需要去交警大队上课一样。而上文提到的爸爸应该去接受一下培训。

我希望成年人展现出积极倾听的技能，反思一下自己在和他人的对话中听到了什么内容，并且不要添加自己的评论。这是当咨询者进行第一次婚姻关系咨询的时候，我会教给大家的语言表达模板。当咨询者表达完自己之后，我给出建议之前，我会说："我听见你说到自己很伤心，感觉自己受到了忽视。"这样的表述确实可以带来改变。设想一下，如果艾瑞克的爸爸能够看着儿子的眼睛，说："我听到你说对于我和你妈妈离婚这件事，自己有情绪，这很正常。谢谢你告诉我。"设想一下，如果爸爸能深入一步，说一些意味深长的话，比如："我对现在的你提的要求有点高，你能原谅我吗？如果我慢一些，尊重你目前的状况，情况又会如何呢？"

我很肯定，不管对话进行到哪一步，这个男孩都会落泪。但这是收获了理解和尊重的流泪，而并不是因为遭到指责和忽视而痛哭流涕。对孩子来说，关系是情绪发展的基础。因为有了这样肥沃的土壤，他们才能成长为情绪健全的成年人。

把情绪命名融入生活

在我的"情绪智力测试"中,需要展示的技能是读懂基础情绪图表。一个人需要正确辨认情绪,这就像能看懂路标一样。

你可以将随书附赠的情绪图表贴在冰箱上或是客厅墙壁上,再或是贴在"情绪空间"里(我们将在下文中讨论)。那些经常旅行的家长也可在车辆手套箱里备一张,方便查阅。让孩子把正在经历的情绪在表上指出来,说出情绪词汇,如果他不知道怎么描述的话,帮助他区分面部表情和情绪。

在全家看电影或者读书的时候,不时地在电影某个片段或者书本某个章节停下来,请孩子辨认一下角色的情绪。这么做其实一举两得。你在帮助孩子学会命名情绪,同时也在教导孩子如何共情。

我们想和正在读这本书的家长们聊聊。你们心里可能会想,我们家孩子12岁了,没有用过情绪图表,也没有使用过情绪词汇表达。我现在明白了为什么孩子会突然情绪崩溃,非要在家里发泄一通以后,才能平复情绪。

有一个好消息要和你分享:就像50岁了还是文盲的成年人能从头开始学着认字一样,所有年龄段的人都能学习情绪词汇然后试着控制情绪。

如果你家有青少年,也同样适用这些规则。书籍、音乐和电影都是很好的教学工具,能用来提升这些情绪管理技能。

你可能觉得指着这个情绪图表辨认各种情绪很难为情。但即便进步很小,也要坚持。允许情绪变成家庭用语的一部分,也让命名情绪成为一种常规行为,和刷牙、洗澡、吃蔬菜一样,成为一种能促进身体健康的行为,这些不容商量,让它成为每个人日常生活中的一部分。

 健康的情绪表达示范

我们会持续提醒你,相比多次提醒,孩子通过观察能学习到更多的东西。比起从你这里获得指点,他们通过观察你在表达情绪、指认情绪图表、学习控制情绪过程中能学到更多的东西。

他们会解读你的面部表情和肢体语言。如果你说:"我不生气,我只想你听我的。"而说话那一刻你牙关紧咬、语气咄咄逼人的话,那他们就会觉得很疑惑。这种行为让言行缺乏统一性。但如果你说:"我很生气,不想现在和你说话。我觉得你现在应该回自己房间,我也回自己的房间去。"这样做,你不仅仅在使用情绪语言,也在践行言行一致。更重要的是,你还在示范什么是一个健康的边界。这就是我们在这本书里第二部分要谈到的社交关键期的内容。

要记住，男孩在情绪发展上可能要比女孩慢一些。男孩在整体运动技能上超越女孩，这是从身体发展的范畴上来说的。但就情感素养来说，通常女孩要比男孩发展得快。女孩在辨别情绪、命名情绪、掌控情绪这一些技能方面往往天生就占有优势。但男孩也能学，也应该学。只是，男孩需要一些情绪词汇的帮助来建立成功的关系。

在外压抑负面情绪，只表现正面情绪的女孩

"我们对自己的女儿有点不知所措，老师说她在学校表现得很完美。她成绩优异，交友广泛。但是一出校门，就完全不一样了。比如，如果我们没有给她带她想要的零食，她弟弟惹她烦躁时，她就一路哭闹不止。这样的行为一直持续到她上床睡觉之前，她把她最坏的样子留给了我们。"

这种描述看起来很熟悉吧？我（赛西·高夫）从业二十多年，听到过无数女孩家长说出这样的话。你的女儿把最深层的，有时候是最黑暗的，同时也是最脆弱的那一部分留在了家里。换句话说，她表面上压抑了负面情绪，并在之后将其宣泄给了家人们。因为家人们让她觉得最有安全感。

耶鲁大学医学院精神科的塔拉·卓别林（Tara M. Chaplin）研究了男女情绪的差异，他说："我们研究发现不同性别的人在情绪表达方面，会体现出一些差异。这些差异在某些特定年龄段和一些具体语境下会特别明显。"例如婴儿期，男孩和女孩表达情绪的方式相似。但随着年纪的增长，他们的差异就会越来越明显。

这些变化不仅表现为情绪的表达方式不同，也表现为选择何种特定情绪进行表达。基本上来说，女孩比男孩更能压抑自己的情绪，也更倾向于只表现积极情绪。例如，女孩们感受到了更多的伤心和紧张情绪，但却更倾向表达开心和喜悦的情绪。男孩比女孩更容易流露攻击性和愤怒的情绪。但这些变化一般都只在陌生人面前流露。在家里，女孩们更容易流露出一系列负面情绪。她们也会在家里或者车里这种安全的地方放声大哭。

信不信，你在家里看到的女孩的愤怒其实对你来说是一种赞美。你的孩子觉得在家里有安全感，因为知道你很爱她，不会抛弃她。她在别人身上感受不到这些安全感，因此这很可能成为女孩们发展情绪词汇的主要绊脚石之一。

女孩的情绪绊脚石

 取悦在乎的人所带来的情绪压抑

汉娜在成长过程中遇到了很多压力。有来自学校老师的压力，他们希望她能做得更好；也有来自同学的压力，她希望大家都能喜欢她；她在舞蹈课上的压力，大多来自她最爱的舞蹈老师莉莎。同时，她也有来自家庭的压力——她要保持房间的整洁，对父母说"请"和"谢谢"，这样父母才不会生气。如果父母因为她的行为而有矛盾，就可能吵起来。她还要照顾妹妹们，不让她们伤心，特别是在父母吵架的时候。所有一切的压力都来自于她想要取悦自己所爱的人。所有这一切都让汉娜毫无机会表达自己的感受，她甚至都无法体会到自己真实的感受。

那她是怎么处理焦躁或者生气的呢？她会啃狗骨头，是真的啃。她会偷偷躲在沙发后面，啃家里狗狗的骨头。这一切是因为她不知道自己需要发泄情绪。偷偷啃狗骨头，在小汉娜看来，是解压的最好办法。

再长大一些，汉娜也给自己认为的"负面"情绪，留出了一些疏解时间。她会允许自己生气、悲伤、失望10分钟，然后一切就戛然而止。她会继续考虑如何取悦自己身边的人。作为一名青少年，汉娜是善良、坚强的学生，是别人的好朋友，是自觉且有爱心的女儿。但是她内心却总是紧绷着。她将自己疏解内心愤怒的方式从狗骨头转移到了自己的兄弟姐妹身上。他们成了汉娜 10 分钟情绪宣泄时间以外，剩余情绪的接受者。汉娜更擅长掩藏而非表达自己的情绪。筛选之后，她只让自己最安全的情绪，慢慢地展现出来。

女孩乐于取悦。她们擅长协调自己身边的人际关系，宁愿牺牲自己的情绪，也想顾全关系。为了获取关爱，女孩们通常相信自己需要更积极地处理关系。所以她们只会表露一些开心、喜悦之类的情绪，而将负面情绪宣泄在狗骨头、妹妹们等安全的对象上。

 被完美主义绑架

在咨询中心，我们不只给儿童还有青少年提供咨询，我们也有面向家长的咨询服务。"家长咨询"类似育儿辅导，也不只为给家里孩子已经出现问题需要养育支持的父母提供帮助。这项服务也适合那些心存疑惑，想要深入探索自己如何能更好地帮助孩子成长的家长。

在过去的 5 年间，找我（赛西·高夫）咨询的学龄前女孩家长很多。很多都面临相似的困境。在家长眼里，孩子聪明，相比同龄人更老练，但时不时会情绪崩溃。那些女孩通常会在家里表达出悲伤和愤怒的情绪。情况大致都类似。她们学东西太慢的时候会生气；弟弟在她们房间搞破坏的时候，她们会对父母大吼大叫；她们讨厌被人拒绝，也讨厌惹上麻烦。这样的小女孩就是完美主义者。完美主义在学龄前女孩身上总是表现得像是她们在生气。在小学女孩的情绪中，通常会有伤心的情绪。在美国，愤怒、悲伤和完美主义的根源是一种现在被认为是儿童流行病的东西——焦虑。

你那聪明又自觉的女儿想要彻底调整这种情绪，但这个想法不是她内心的驱动力。她设定的目标不太现实，自己的表现又无法达成目标。于是，只要稍有一丝丝失败的迹象，她就能体会到挫败感。结果，她自己成了一个装满焦虑的容器。她不管做什么都竭尽所能。在这种状态下，她竭力掩饰自己的情绪，就像她竭力想取悦他人一样。然而不同之处是，这些完美主义女孩生气完全是和自己发火，而不是你。

我所见过的这些完美主义女孩，通常表现出愤怒、焦虑、伤心，甚至有强迫症的症状，比如痉挛等。每个女孩都活泼、聪慧且极度自觉，也可能是自觉得过度了。她们表现得十分出色，同时希望自己在学校里，在处理友情时，在体育项目上，在家庭生活中也能更胜一筹。在她们参与的几乎所有领域中，她们都希望自己能出类拔萃，根本没有空间也没有时间表现出伤心、失望、发怒或是疑惑的情绪。对她们来说，这真是承受的压力太大了"。

 用愤怒掩盖真正的情绪

我最近碰到了一个女孩。她妈妈刚刚确诊了肺癌晚期。这个消息出乎意料，犹如晴天霹雳。她妈妈从不吸烟，但是在肺部发现了肿瘤，癌细胞像恶魔一般，逐渐向心脏附近转移。这个还在读高中的女孩吓得不知所措，陷入悲伤的深渊之中。但她向我，还有其他问及此事的人，表现出来的情绪，你也许能猜到，是愤怒。我们都这样做过，表现出愤怒要比表现出受伤、失望或是害怕简单得多。这些年来，女孩们好像在告诉我（赛西·高夫），她们表现愤怒更像是表达自己在控制情绪，而其实她表达出的情绪更脆弱和不受控制。这名高中女生继续说："我不知道怎么和我的朋友们倾诉这件事。我知道她们现在都很担心。但是几周以后，她们就不当回事儿了。我还要继续看着我妈妈化疗以后呕吐的样子，而她们已经开始遐想自己放假回家的日子了。"你能听出她的话里包含的愤怒吗？她想向朋友倾诉，让朋友知道她有多伤心，而不是让自己变得更脆弱，在自己所承受的痛苦之外，再对自己造成更多的伤害。她想要一种掌控感。

所以，女孩们有时候会因为这种控制感而将情绪埋藏起来。要么，她们将这些情绪转换成愤怒或是沮丧。我们用恼怒来形容那些因此前来咨询的女孩，尤其是那些青少年。一个女孩的闺蜜约了别人一起去佛罗里达州度春假，她说"她太讨厌了，我反正不想去。"另一个女孩的父母在经历一年之久的分居以后，决定离婚，她说："我反正习惯了，这样最讨厌了。"

父母能帮助孩子更准确地描述自己的感受。"愤怒（Annoyed）"这个词不在表格上，它不是一种感受，至少，它不是一种能够表达情感深度的词汇。我们读研究生的时候就知道，愤怒永远都是次要情绪。换言之，是其他例如害怕、羞愧或是悲伤等情绪导致了愤怒。愤怒更像是其他情绪伪装后的感觉，就像愤怒被较强烈的控制欲冲淡了一样。

几年前，在我们的夏令营里，本书作者之一梅丽莎向二到四年级的学生教授情绪管理方法，说到人为何能有如此丰富的情感，她将我们的情绪比作油量指示灯。灯亮的时候，你确实会注意到。情绪也差不多如此。生气、悲伤、羞愧、失望、焦虑，以及喜悦、开心、激动对我们人类来说都像是指示灯。

忽视我们的感受，要么会埋下愤怒的定时炸弹，要么会制造一种能让我们的心脏麻木和死亡的模式。

因为女孩更容易感受到这种"负面"情绪,并尝试将其压抑。那就更有必要在她们还小的时候就教她们一些情绪词汇。当她们到了会使用短语和句子的时候,就能将这些词汇融入其中,表达自己的情感。作为爱她们的成年人,我们的责任是帮助她们学会体验和感受,充分地表达自己的情感。

女孩的情绪垫脚石

 用情绪图表明确情绪

我就是那样的姑娘。我在学校竭尽全力学习;我努力交友,维护友谊;积极参加社团活动,成长过程中没有错过任何一次学习讨论会。我想变得优秀,也想受人欢迎。但是我不知道如何表达自己的情绪。所以我会在家里爆发情绪。我记得爸爸这样跟我说过:"为什么我们在外边碰到的所有人都对你赞不绝口,但是在家里你却闷闷不乐很难相处呢?"爸爸,你没有错。我从学校回到家的时候,觉得所有压力、受伤的情绪还有不安全感在我心里积压得太久了,是时候可以释放情绪,放松自我了。这样我的父母就成了我的情绪宣泄的对象。

我心里希望情况可以是这样的,当爸爸注意到我情绪不正常的时候（并不是当我们争吵时），我希望他能把我拉到一边，轻轻地对我说："赛西，我觉得你的状态有些不好。你似乎很难过，可能你很生气，或是你今天过得很糟糕？"我年轻的时候，希望家里冰箱上挂一张情绪图表。我希望小时候学会如何表达伤心或者尴尬的情绪。我希望自己能够找到合适的情绪词语来表达。我觉得要是有机会重来学习，我成年后的人际关系与之前相比将大有改观。

我帮助过一个小姑娘。她童年遭受过表亲的骚扰长达数年之久。有两年，她几乎每天都和妈妈抱怨肚子疼。她试图不用语言，告诉妈妈自己的焦虑。她不知道如何表达"我受伤了，有一件坏事发生，我真的需要你来帮我"。我希望她妈妈能够更深入地了解一些情况。我多希望她妈妈当初能意识到，如果医生说身体上没有什么异样，她女儿的肚子疼就是一个类似油量指示灯一样传递情绪信号的标志。我希望这位妈妈能对女儿说："亲爱的宝贝，我知道你现在感受到了很多情绪，这些感受就在你的身体里，只是你没有将它们大声表达出来而已。你现在感觉怎么样？"

所以，我们需要教会女孩一些情绪词汇。我们需要指着情绪图表，让她们在饭桌上谈论自己的感受。我们需要用耳朵倾听，更需要用心倾听。留意女孩落泪的瞬间，注意她比平时更焦躁的时刻。她是否在周日晚上就表现出厌学情绪,不想在周一早晨返校?可能她在学校遇到了困难,不单单是学业上的困难,可能是情感上的困难。一位很有智慧的朋友告诉我们,父母最重要的任务就是学会提出好问题。这些问题不能用是或否来回答。不是那种"你喜欢×××吗"这样的问题,更像是"×××是什么样的呀"这样的问题。

和孩子试一试

看到和肯定她的价值

在坐下来听过几千名女孩倾诉她们的情绪后,我渐渐地相信,所有女孩,如果她们很诚实地表达了自己的情绪状况,那么,要么是"担心自己表达得太激烈,或者是担心自己的表达被压抑了,再或者是觉得自己在这两者之间徘徊"。这一问题,我们将在后面的内容中继续展开讲。桀骜不驯的女孩试图逃避情绪,会问自己:"他觉得我很奇怪吗?""他是不是对我不耐烦了?""我这样做过分了吗?"

一个女孩如果试图让他人喜欢自己、急于表现,就会竭力取悦身边的人。她们加倍勤奋,就是为了变得更聪明、更可爱、更勇敢、更完美。

坦白讲,她是在竭力证明自己的价值,她很担心自己可能没有达到要求。

对于大部分女孩而言,==她们经常根据自己在这个已超标或者未达标的价值体系中所处的位置来定义自己。她们年纪越大,越会参考同龄人的看法,越少关注自己的看法。她们的成功取决于朋友的看法。==生日会的成功与否是由谁和自己说话了,谁没理自己来定义的。在学校是不是艰难的一天可能是因为操场上没人愿意和自己玩,校车上没人愿意和自己坐在一起来定义的。她们所有的乐趣、成功,还有自我价值,都来源于自己在这样一个价值体系中所处的位置。大多数女孩都觉得自己做得不够到位。我们想要,也必须给女孩尤其是给那些善变、胆小的女孩一些别的东西来定义自己,而不是用那些飘忽不定的关系来定义自己的价值。

当你的女儿在发展自己的情绪词汇时,她需要获得内心的安全感。她的内心要有足够的安全感才能在开心和喜悦之外,体会到更多的情绪。她的内心要有足够多的安全感才愿意体验失败,才可以承受偶尔的不开心,才愿意表达自己的不良情绪。她需要一个安全的地方,才愿意展现同龄人,甚至有时候是我们家长,希望她们成为的样子,在衣着整齐、温柔和善、笑靥如花、积极向上、沉静不语之外的那个自己。她需要从你的言语和行动中获悉真相。真相就像下面的话一样,请经常和你的女儿这样说:

> **和孩子试一试**

"你很好，无论胜负。"

"你很好，别管其他女孩如何评价你。"

"你很好，别管其他男孩如何评价你。"

"你不需要变成自己以外的人。有很多人爱你，比你想得多得多。此刻就有很多人爱现在的你。"

"即使你搞砸了，仍旧有人爱你。"

"失败了也没关系，每个人都会失败，我也会失败。"

"你的内在美比你的外表更令人印象深刻。"

"你比善良这个词表现得更善良。"

"不用每次都微笑。"

"你很坚强，但不用每时每刻都坚强。"

"生气也没关系。"

"难过也没关系。"

"我想知道你心里的想法。"

"我想听你说说自己的感受。"

"感觉没有对错，感觉就只是感觉而已。"

"你没有表现过度，我们是成年人了，能正确应对你所有的情绪（我们一会儿就来看看如何疏导你的这些情绪）。"

"你很棒，乐观开朗，也已经成为自己想要成为的样子了。与此同时，你有时也会觉得情绪是一团乱麻。情绪这不是种非黑即白的状态，你可以同时拥有这两种。"

显然，这样的话语是说不尽的。作为爱她们的成年人，我们相信以上话语仅仅是女孩需要从你口中了解的一些真相。你可以根据孩子的喜好，继续添加一些语句。我们想让女孩在和我们交流内心想法和感受的时候，内心感受到更多的安全感。她们只有在知道有个安全之所以后，才会学着也说出这些话。

 表达负面情绪的模板

作为成年人，你觉得自己没有充分表达情绪，还是表达得太过了？请花点时间思考一下。尝试和家人或者朋友交流一下。这样做的话，会不会让你有点紧张？你可能也会觉得自己的情绪词汇不太够，如果想让你的女儿和你开始谈论自己的情绪，首先她要和你在情感上建立联系。平时在家的时候，你们会谈论什么情绪？你自己会对"负面"情绪闭口不谈吗？如果她发现你伤心以后情绪有所好转，如果她发现你生气以后可以和她倾诉心里的愤怒，你就是她在寻找的可以感同身受的人，希望和她一起渡过难关、治愈自我的人。

高中女孩米歇尔深受抑郁症的困扰。她是我认识的年轻人里非常优秀的一位，但她仍然觉得自己做得不够好。她爱她的家庭，但她很担心父母知道自己患有抑郁症以后会很失望。米歇尔的爸爸是我认识的人里最积极乐观的人。他事业有成，在邻里间口碑很好，深受尊重。每当米歇尔告诉爸爸自己很伤心的时候，他都告诉女儿，想出五件让自己感恩的事情。现在，我们都认同，感恩是化解悲伤的良药。但这只有在人们充分谈论过悲伤以后才会有效果。这位高中女生把她爸爸希望自己积极对待负面情绪这件事理解为她失败地处理了自己悲伤的情绪。她觉得自己抑郁，一定是做错了一些事。对于父亲来说，能让女儿谈论自己的悲伤，或者和她分享一下父母的悲伤情绪，能使女儿每日的负罪感减轻很多。

请你给自己的女儿一个情绪表达模板。事实上，如果可以的话，请多给几个。==孩子需要在自己的生活中意识到，不管是男孩还是女孩都在表现出力量、勇气、自信的同时，也需要表达脆弱、悲伤，甚至生气的情绪。她需要通过成年人的行为和言语明白，情绪是自己身体的重要部分，也同样是天赋的一部分。==她需要一个安全的地方才能试着表达自己的情感。她需要你能在她表达自己情绪的时候一直陪伴在身边，提醒她一切都会好的，指引她找到那个真正愿意倾听，发自内心关心自己感受到那个人。

小结

对于孩子的早期发展而言，不管男孩还是女孩，掌握情绪词汇都是必不可少的。我们开始构思这本书的时候心里就很清楚，这一部分将是全书的第一章。我们坚信，其他的情绪关键期是在此基础上形成的。

如果想要孩子收获健康的友谊，在同学交往中能表达自己的主见，约会的时候能自信自如，最终收获满意的婚姻，组建一个家庭，善长在家人间交流，在职场上表达自我，那么，你的孩子首先要学会表达自己的情绪。家长是孩子的情绪启蒙老师，发挥着至关重要的作用，同时你也是他们宣泄情绪的第一个对象。你要运用语言和非言语都合适且有效的方式帮助孩子找到情绪宣泄口，帮助孩子找到表达情绪的途径，避开那些绊脚石。我们作为心理咨询师，能坦诚地说，大部分受到情绪表达这一问题困扰的家庭，是因为在日常交流中缺少了使用情绪词汇。所以，从现在开始，为时不晚。帮助孩子学会如何与你以及其他人分享内心世界。孩子也希望父母也能分享自己的内心世界给他们。

用情绪词汇表达的家庭练习

1. **使用情绪图表**。买一张（或多张）情绪图表放在家里的显要位置（随书附赠一张）。如有可能，在车里也放一张。这样孩子在上下学路上也可以使用。
2. **读书**。选择情感丰富的图书。受人尊敬的儿童图书作者不多。这里我们推荐凯文·汉克斯（Kevin Henkes）、辛西娅·赖蓝特（Cynthia Rylant）、艾瑞·卡尔（Eric Carle）。这几位作家的作品包含了丰富的情感内容。
3. **看电影**。选择那些情感丰富的电影。动画电影的优点就是角色的面部表情比现实生活中人们的面部表情要夸张很多。动画人物的大眼睛和嘴巴更容易让儿童识别出不同的情绪。
4. **聊天**。鼓励情绪词汇成为家庭日常对话语言的一部分。在孩子面前反思一下夫妻对话中的表述方式，反思一下自己对孩子的表达方式。无法获取情绪词汇的时候，可以尝试使用以下句子："你看起来好像_____。"
5. **让一天的情绪经历成为饭桌上的闲聊主题**。让每个人描述一下自己今天的情绪经历。他们可以聊聊今天出现的一个积极情绪和一个消极情绪。

6. **角色扮演**。角色扮演需要孩子参与，这是一种功能强大的引导工具，能帮助孩子理解情绪，强化社交能力的发展。当孩子邀请你参加他们的角色扮演游戏时，你可以假装自己病了、受伤了、害怕了，然后观察孩子们的反应。当孩子使用情绪词汇与家长对话时，反思一下自己的陈述，或者回应的时候尝试一下和孩子共情。

7. **利用艺术工具**。如果你的孩子在表达情感方面有困难，递给他们一张纸，让他们把自己的感受画出来。

8. **利用资源**。阅读赛西和梅丽莎写的《有女儿真好：养育女孩的宝藏书》（*Raising Girls*），雷切尔·西蒙斯写的《好女孩的诅咒》（*The Curse of the Good Girl*）。如果是男孩，那就阅读大卫·托马斯和斯蒂芬·詹姆斯写的《狂野男孩》（*Wild Things*），丹·金德伦和迈克尔·汤普森写的《培养高情商男孩》（*Raising Cain：Protecting the Emotional Life of Boys*）。

9. **玩游戏**。对年纪还小的孩子，可以试试"如果_____你感觉如何？"

第二章　情绪管理

多年前，我（大卫·托马斯）有幸与"国际慈善"组织（Compassion International）出访南非。这是一个儿童救援机构，致力于帮助儿童摆脱身体、精神、经济上的贫困。我对这个组织在全球范围内付出的努力深表敬意，能够和他们一起前往南非参与救援工作真是荣幸之至。

我还清晰地记得我们到访过的一个偏远村庄和当地负责人见面时候的情景。负责人向我们解释救援项目如何运作，我记得他说："我们首先要让孩子吃饱饭，才能教育他们。人在饥饿的时候，无法听到任何内容。我们先要解决他们的温饱问题，然后再去了解他们心理和精神需要什么。"

这些话传递出来的经验和智慧让我深深震惊。眼前这个人心里很清楚，孩子在挨饿的时候，是无法提升认知或学习技能的。无论世界上哪个角落的孩子，只要他们上学前没有吃上一顿营养均衡的早饭，学习能力就会受限，大脑的注意力会无法集中。在与之类似的情况下，体内填满碳水化合物、糖，与体内填满蛋白质相比，孩子大脑的反应模式也不尽相同。血糖的升降也会影响注意力和记忆力。

这种先解决温饱再学习的智慧同样也可以嫁接在家庭教育中。==孩子在经历情绪起伏时，对他进行管教或者修正其行为毫无意义。孩子的大脑充斥着情绪，无论大人还是孩子，没人此时还能管理情绪。我们不能理性思考，我们无法表现自己的最佳状态。==

孩子在情绪发作之时，我们最不应该说的话就是："你要冷静。"此时是孩子最脆弱的时候，最容易受到说教和喊叫等教育方式的影响。这时什么话也不说也许更好。

一颗饥饿的心长不出耳朵。

一个情绪激动的孩子长不出耳朵。

一个情绪激动的家长更无法清晰地思考。

我们需要管理情绪，我们的孩子也需要管理情绪，而情绪激动的当下我们和孩子都没有管理好情绪。如果我们能对孩子说下面的话该多好：

"我很爱你,不想和你争吵了。我们都要歇一歇。"

"我们休息 15 分钟,平静以后我们再继续讨论。"

"我不想说一些让自己后悔的话,因为我的心里现在很乱。我知道你的心里也是这样的。我现在要出去走走,我希望你也做一些自己想做的事儿。晚上我们再回来继续谈谈。"

在《有意识的育儿》(Intentional Parenting)一书中表达了,"暂停"不仅适用于亲子沟通。利用适当的"暂停",休息一下,不要在生气时乱说话,也是一种智慧。

所以,如何应对负面情绪才是孩子最需要掌握的技能。

这一章中,我们将轮换使用"管理情绪"和"自我调节"这两个词语。自我调节能够帮助我们中的所有人,无论男女老少,都能管理情绪。我们能调节情绪,就能对我们自己和周围发生的事情拥有掌控能力。

男孩先抚平情绪，再管理情绪

男孩主要通过触觉、运动、视觉、空间和体验进行学习。注意到了吗？声音并不在其中。尽管我们知道，但还是免不了会对着男孩滔滔不绝，完全不顾他的感受，完全忘了男孩平复情绪才能获得最佳学习效果。回顾一下前文中我分享过的国际慈善组织的故事。我承认，直到我真的去了南非，实地考察，和当地居民还有孩子交流，倾听他们的故事以后，我才真正意识到"人在饥饿时，无法听到任何声音"。这段经历开阔也深化了我的认识。

我劝说父母，不要在自己的孩子没有吃完盘中食物的时候就向他们说教"世界上还有孩子食不果腹"。相比说教，亲自带孩子去当地的慈善活动参观。他们在亲眼看到、亲自感受过以后，会产生不同的视角看待世界。这个活动也能锻炼孩子善于思考的品质。这是另一个情感关键期，我们将在第四章中探讨。

我们说的拥有管理情绪的关键期,并不只是让孩子意识到自己正在情绪漩涡,他们还要学会按照1~10的分值给自己的情绪感受打分。赛西告诉我们,生活中大部分感受都在4~6分之间。但是孩子天然地会给每个体验都标记成10。他们在糖果店没有得到一块糖时的感受和遭到朋友背叛时的感受一模一样。第二个情绪关键期的核心便是,管理情绪,研究当下情况,最后再分别应对。否则,孩子只是做出无效的反应。

男孩的情绪管理绊脚石

 父母用支持的名义干涉孩子管理情绪

在养育过程中,最大的挑战就是让我们所爱的孩子经历挣扎。我们的本能不会坐视不管,冷眼看着失望、困难和失败呈现在孩子面前。我们下意识的反应就是要去帮一把,并且经常是救之于水火。相比给予适度救援,我们更多的是干涉了孩子战胜这些挣扎的过程,以为是支持,其实是阻碍。很多时候,我们通过观察和等待,以共情和认可给予回应,同样也能够提供支持。只是需要像走钢丝一样小心谨慎,你才能分别出两者的区别。

我希望,所有家长都应该训练三思而后行的处事习惯(而不是简单反应）。我们如果自己都做不到思考后再行动，可以预料，对孩子来说学习这种处事方法也会觉得很困难。当孩子在情绪中挣扎时我们可以问以下几个支持性的问题：

和孩子试一试

"你有什么游戏计划？"
"你在想什么？"
"你想怎么解决？"

问支持性的问题表明我们相信孩子有足够的能力自己解决。同时也传递出我们与孩子同在。如果他们需要，我们可以一起进行头脑风暴、角色扮演等活动，也能给出建议或者意见。

如果我们回应时发出指令，而不是提出问题，我们实际上会传递出相反的信息：孩子不够聪明、不够勇敢、不够足智多谋，不能依靠自己解决问题。这样，我们就断送了启发孩子的机会。

这其实很简单。就像和一个蹒跚学步的幼儿玩角色扮演游戏，教他如何坚定地和一个朋友说话一样，也像和一个 8 岁的孩子练习鼓起勇气找老师谈论一次考试不及格然后请求再获得一次加分机会一样，还像和一位青少年一起头脑风暴，想办法让裁判延长比赛时间一样。

不分等级的处罚方式

很多年前,我因为超速驾驶收到过罚单,必须去交罚款。不幸的是,同一年的几个月后,我又收到了另一张罚单。第二张罚单把我送进了驾校。教练解释说,如果再收到第三张罚单,那驾校学习的时间将会被延长。

就像有人屡教不改一样的处罚一样,比如孩子不停撒谎或者青少年频频偷溜出门,家长就可以采用这种递进的惩罚方式。一个 16 岁的孩子早上忘记叠被子所受到的惩罚和他过了宵禁时间满身酒气地回家所受的惩罚是不一样的。我们需要定好惩罚等级,不叠被子的处罚等级是第 5 级,而未成年饮酒及驾车是第 1 级。(数字越大,级别越低)

当我们只大声责骂或者不管孩子违规程度轻重,都给予一样的惩罚时,孩子就更难形成自己的情绪管理能力了。

我已经记不清自己有多少次真的想发火了,日常的育儿活动已经让自己筋疲力尽,我们会出于自己的感受而非真实的自我进行回应。当我们没有足够多的时间和空间让自己走出情绪的话,我们很可能会通过宣泄愤怒的方式回应孩子所有的违规行为。

在这种情况下,我们最有可能说出"你被禁足了"之类的话。

溺爱是另一种形式的干涉和逃避

就像我们会因为愤怒做出回应，我们也会因为愧疚或者恐惧做出回应。尤其在母子间，母亲是男孩在世界上遇到的第一位也是最亲密的异性。在这种背景下情绪管理的练习可以使男孩更深入的了解珍视、尊重女性的重要性。人们非常重视男孩与父亲保持牢固与亲密的关系，虽然这一点完全正确，但这种强调可能会忽略男孩与母亲关系的重要性，以及母子关系是如何影响塑造男孩的阳刚之气的。

男孩在母亲的陪伴下，会觉得最安全。我知道很多男孩只和母亲分享秘密，而对其他人却只字不提。我也知道，男孩对母亲更加强硬。男孩常常将自己最极端的一面——最好的和最坏的一面，展现在母亲面前。

在一段不健康的关系中，母亲与自己儿子的关系比与自己老公的关系更加亲近。当然，在夫妻双方离婚的状态下，情况更是如此。如果母子之间的关系更近，母亲会对女儿更严厉，而对儿子更加溺爱。

我的一位女同事回忆成长过程中总是自己做三明治。但有一天，她突然意识到母亲会给家里的男孩们做三明治。我还听过同样的故事，母亲为儿子洗衣服、辅导作业、整理运动器材、设定闹钟等，这些例子不胜枚举。我们可能出于本能帮助儿子做事，却要求女儿独立自主。

这又是另一种形式的干涉和回避。我碰到过很多父母向我坦白自己花了很大努力才没让自己在面对养育问题时情绪崩溃。很多人会说自己如履薄冰，小心翼翼不去引爆儿子的"情绪炸弹"。

有的母亲跟我说，每天其实是在和自己孩子的情绪一起生活，就像正在经历一场人质劫持危机一样——被某个恐怖且情绪不稳定的人劫持。如果男孩受到父母双方溺爱，那就会制约孩子成长为有责任感的成年人，也制约孩子体验处理这些情绪的机会。他们也就无法区别危机与麻烦、悲剧与不便、沮丧与失落。

男孩的情绪管理垫脚石

 列出缓解情绪问题的活动清单

男孩发现，男性通常经历情绪时能体会到身体上的充沛精力。这就能解释为何男孩在情绪失控时更容易尖叫、打人、攥起拳头或咬紧牙关。我曾经遇到过一些男孩，当他们的情绪爆发时，他们甚至会像动物一样咆哮。如果男孩能将这种充沛的精力转换为其他有用的东西，就能避免他人（或自己）受伤。这一点我们将在第四章中深入展开。

在没有出现问题的时候，我会让男孩们制作一个情绪缓解清单，列出五件他们在情绪爆发时能做的运动。清单中不要列出听歌、阅读或是玩 iPad 等对于分散注意力毫无用处的行为。这份清单里可以有如蹦床、投篮、跑步、掷回力镖、打枕头、上下跑楼梯、爬树、做俯卧撑、仰卧起坐、开合跳等。

和孩子试一试

男孩一旦完成了这些运动要求后，当然可以列出一些非运动项目，如写日记、画画、陶土制作或彩泥制作、听歌或读书等。很多男孩想在练习中加入使用电子设备娱乐的时间。我不建议男孩（以及家长）使用电子娱乐设备。男孩天生更容易通过玩游戏或者使用社交媒体逃避现实。不要助长这种习惯，电子设备应该和情绪管理练习分开。男孩需要发挥自己的创造力，通过选择不含电子设备的活动来营造自己的情绪空间。

这张清单能够帮助男孩在大脑被情绪的洪流淹没之时，做出更有益的选择。这张清单让他们能够获得缓解情绪的策略，引导他们获得情绪管理的能力。

在情绪空间中练习宣泄情绪

我想借此机会抛出那一句老生常谈的话："熟能生巧。"我发觉这个说法失之偏颇。这几年，我也练习了很多东西，也提升了一些技能，但并没有达到完美的程度。我自然很认同练习会带来技能的提升，可却不能带来完美。我想把前面这一句话改成：练习会带来进步，练习会创造出更多的机会。我们练习得越多，就越有可能形成管理情绪的能力。只有留出足够的时间和空间，我们才有机会形成管理情绪的能力。这样我们才能积极回应，而不是消极反应。

男孩子需要不断尝试一系列的操练，才能最终找到最合适的情绪调节方案。在家里，我是从玩具屋的一个角落开始的，那时我的儿子们还处于学龄前阶段。我们有一个叫 Bozo 的拳击不倒翁，一个底部用沙子固定的充气小丑。这个小丑在你击打以后会神奇地反弹回来。有时候，儿子们会将 Bozo 击倒在地。在情绪激动的时候使用 Bozo，这样儿子的姐妹们就不会成为被打的受害者。几年时间里，我们不断努力，一开始牵着儿子们的手，将他们领进了这一空间内。最终，我们用简单的提示，他们就会去那里宣泄自己的情绪。

有时候，他们很乐意去，有时候他们也会拒绝。如果他们拒绝了，我们也可以选择独自前往。我们作为父母，尝试帮助孩子时却遭到拒绝，有沮丧的心情也是正常的，那么也可以在此时试着调节它。

随着儿子们慢慢长大，我们渐渐觉得应该扩大和升级一下这个空间。我们撤掉 Bozo，换上在旧货市场上花几十元买来的独立沙袋。我们又添置了一些压力球、大枕头以及一些其他物件，用来释放情绪。我们继续把这个小小的空间当作宣泄强烈情绪的理想场所。这样，我们就不会在情绪激动的时候冲着家人发泄，或是破坏一些物品。

后来，我们慢慢也停用了那个在旧货市场上淘来的沙袋，换上厚实的悬挂拳击袋，把情绪空间也挪到了地下室，继续添置物品。这场面看起来就像我们在训练拳击手一样。我们继续使用这个空间，让其发挥价值。我（大卫·托马斯）工作之余回家，发现儿子在地下室里吵闹，拳打脚踢也习以为常了。很多时候，吵闹变成了哭喊，哭喊再变成啜泣。我会给孩子们留出足够的空间和时间。

过一会儿，我会去找他们。我发现，它成了一个宣泄失落情绪的出口，能够帮助应对因组队失败产生的失落感、朋友的背叛、考试失利等，也能够帮助男孩在男性世界探索时，应对自己遭遇的其他情绪问题。

我的儿子们现在已经是青少年了。家里也有了悬挂拳击袋、卧推椅、瑜伽垫，还有用于做俯卧撑、仰卧起坐和引体向上的健康塔。儿子们在这个空间里花了很多时间锻炼。这一切都太熟悉了。

这项练习的美妙之处在于这些年来，我们创造出一个空间将情绪转换成了有益之物。我们将在后续内容中继续深化这一概念。

 练习使用情绪提示信号

我希望，此时你已经能发现这些垫脚石是如何联系在一起帮助男孩练习管理情绪的能力——它们彼此之间相互连接、相互构建。我在开始的时候介绍过，我会把儿子带到这个空间里，要么牵着手，要么陪着走。我们陪着孩子，向他们示范如何使用这个空间，达到预先设计的目的。最终，我们会退出这个空间，让孩子自己在空间里独处，直到他们自己觉得自己的情绪平复了。有时候，他们会离开，我们也可以留在情绪空间里处理自己的情绪。

随着儿子们渐渐长大，他们对练习越来越熟悉，我们可以开始做出提示。我们邀请孩子帮忙，一起制定一个情绪提示信号。我们尝试选择一些语言和视觉上的信号，检验哪种东西最好用。或许,"火山"这个词语能让他人知道自己要经历情绪喷发了。或者我们会给它起名字,用"无敌浩克"(绿巨人——译者注)或就简简单单用"浩克"来命名。

男孩在选择提示信号的时候,要么严肃,要么笨拙,要么单纯,要么创意无限。有些男孩喜欢举手示意,或者家长会给出一个"停止"的信号,让双方都停止说话,然后以最快速度前往那个空间。我在咨询时遇到过这样一个家庭,他们设计的提示信号是张开嘴,用手指触碰舌头。他们选择了简单地触碰一下自己的舌头的信号,没有冲着彼此滔滔不绝地讲话。父母双方都觉得这一提示信号不光在婚姻中,也在育儿时特别有用。

如果男孩们参与了这一过程,那么他们将更有可能尊重这一提示信号。相比我们给出建议,更需要他们自己贡献出想法。和拼写单词、骑行、仰泳、系鞋带、开盖、闭嘴咀嚼一样,这一过程也需要练习。男孩们会在某个时刻突然使用这一提示。熟练并不一定能生巧,但是熟练能帮助我们下次更快地完成任务。骑自行车的时候,有些男孩跳上车,受力一推后,跌下车子,又会很快再上车,再跌倒以后会再尝试,几次以后就学会了骑行。有些男孩跌倒以后便拒绝再次尝试。

就像学习骑车一样,回应提示信号以及使用空间会给一些男孩带来更大的激励效果。

在这个关键期，影响练习效果的因素有很多，诸如年纪、情绪状态、智力水平、抗压能力、坚毅程度、出生顺序，等等。持续练习，一定记得，我们并非寻求完美，只要进步即可。接下来，你会明白这些关键期是如何携同发挥作用的。当一个男孩持续阅读和管理自己的情绪时，他渐渐地就能获得能力，给自己的情绪打分，然后积极应对。这一部分的内容将在之后详细讨论。

女孩擅长掩埋情绪,而不是管理情绪

在美国,研究发现,女孩比男孩更擅长自我管理。俄勒冈州立大学的一项研究发现,在一项4个国家参与的研究中,差异主要表现在文化等方面。整体来看,美国女孩比男孩在情绪管理方面做得更好。研究最后认为男孩需要获得更多的支持,才能学会这项对社会情感能力发展很重要的技能。

因为女孩的大脑在早期会释放出更多的血清素。所以,女孩比同龄男孩更能控制冲动情绪和行为,她们也更擅长掩藏情绪,至少在学校放学后,在上父母的车之前,情况是这样的。

但是,能够控制或者掩藏一段时间的情绪并不是真正的自我管理。这更像掩埋情绪,而不是管理或者消化情绪。如果你有过掩埋情绪的经历,那应该知道会有什么后果。效果维持的时间很短,而且后续情绪爆发会比开始时更强烈。

作为一名经常面对女孩及其家长的咨询师,我(赛西·高夫)认为,女孩会和管理情绪纠缠很深很久。只是看起来,或者我们应该说感觉起来,和男孩所经历的纠结不太一样。

女孩的情绪管理绊脚石

我刚开始做心理咨询的时候,和很多女孩都进行过类似的对话。这些对话经常发生在她们参加同龄人的心理咨询小组的时候。典型的对话通常是这样的:

"当你加入小组时,你要先和我们讲讲自己的故事。故事包括你为什么来我们心理咨询中心或者为什么你父母想让你来。"

"我不太想讲自己的故事。"

"为什么呢?"

"要是小组里其他人的问题都比我的严重,那该怎么办呢?我的问题在她们看来可能没什么大不了的。"

接下来我(赛西·高夫)会用身体上的疼痛作比较,"这有点像别人踩到了我的脚趾。当你被踩到后,会觉得这是世界上最疼痛的事儿了。这种疼痛感不会因为你没有摔断过腿,没有感受过更严重的疼痛就减轻分毫,你还是会觉得疼痛无比。这就是你脑子里能想到的所有东西了。"

 用夸张的行为得到别人的关注

"我有一对 14 岁的双胞胎女儿。她们分别叫艾丽和萨拉。但在家里,我们称呼她俩为 Trawma(创伤)和 Drama(戏精)。"

大多数 14 岁孩子的家长都会有这种共识。现在的青少年,特别是女孩,都非常容易情绪化。这个情况普遍存在于所有年龄段的孩子中。这一代人的情绪不一定比我们那代人更强烈。我们也能深刻感受到,但他们在情绪的表达力度上强大了不少。

思考一下以下的对话:

"我抑郁了。"
"我多想自杀呀!"
"我内心恐慌不已。"
"这样的朋友真让我抓狂,她一定患有双相情感障碍。"

在你的成长过程中,你说过类似上述的话吗?你清楚这些话是什么意思吗?你听到过自己的女儿说这样的话吗?她的朋友们呢?我曾听到小学女生随意地说出"抑郁"这个词。

有些情绪和它带来的反应真的会让孩子们感到虚弱无力。这个话题我们在后面再继续探讨。但是现在孩子的情绪强度有很大一部分都被戏剧化了，这并不是情绪本身的真实反应。我试着告诉女孩们，当我们大声哭喊时，我们会呼吸困难。这不是恐慌来袭，只是情绪的正常表现罢了。但对有些女孩而言，"正常"是她们最不想要的，她们也自然而然地认为自己无法因此获得任何特别的关注。

一名高中女孩曾经向我们咨询中心的另一位咨询师透露自己曾经割腕的经历，就因为如果不那么做的话，没有人会相信她真的很伤心。接着，她使用"新潮"这个词描述自残行为。我也和很多认为自己焦虑与抑郁的女孩交谈过。越来越多的初高中女生认为医学诊断并不是情绪问题的答案，朋友愿意倾听自己才是治疗的开始。我对此表示很担忧。

女孩正在急切地找寻定义自我情绪状况的方法。她们想要获得关注，渴望理解，希望被爱。目前，她们使用的词汇和感受越来越宽泛。这就是她们所处的文化环境。我们无法在更大范围内做出更大程度上的改变，但是我相信父母可以在家里改变孩子。我们不能让她们觉得自己只有通过夸张的行为才能获得关注。我也不想让她们相信此刻抑郁、焦虑或是其他挣扎时刻可以定义自己。我们希望能让爱她们的父母来定义她们。

家庭噪声过多阻碍了相互聆听

几年前,我接手了一个让我惧怕的咨询案例。来找我咨询的是一名我认识很多年的高中女孩。这个女孩在很多方面都出类拔萃,富有亲和力、有热情、聪明机智又充满活力。但她时不时会撒谎,她向父母撒谎,称自己不惹事。父母经常发现她有意地忽视一些细节,比如她真正完成了多少作业,门禁过后多久才到家。这些细节对于青少年来说似乎不那么重要,在他们眼中是束缚他们的标志,而家长却想用这种细则培养孩子的责任意识。换句话说,这个女孩和父母之间一直存在冲突。

有一次冲突发生在家庭聚会时,或者可以说是假定发生了。女孩度假结束后,告诉我说,在和父母争执之下,妈妈推了她一下,这一推不光把她推到了墙上,让她撞到头,整个人还摔在了地上。

我立刻觉察出她在撒谎。

我确认女孩的妈妈也会因为孩子撒谎生气。但毫无疑问,事实上她比自己女儿口中描述出来的样子更有情绪自控力。她知道如何自我管理,当然不会把自己对女儿的沮丧情绪完全发泄出来。可是同时,我也必须认真对待女孩的描述。

那天下午，我和女孩聊了好几个小时。充分讨论过这个话题后，女孩终于承认，妈妈没有推她。但她和我讲的话，我至今还记得。"她（妈妈）一遍又一遍地冲我吼，就好像不管谁在这个家里，所做的任何事都是加剧厌恶情绪。她对我造成的情感伤害就好像是她推了我一把一样。我需要告诉她和其他人，她对我的伤害有多深，我有多渴望她能倾听我的想法。"

从那以后，我见过很多女孩这样描述自己的情绪。在家里，没人愿意倾听她们的声音。所以她们觉得有必要通过喊叫、哭喊或者夸大其词的方式，获得父母的关注。

在充满着各种噪声的多子女家庭里，每个都有特殊需求，而父母却因时间或者空间的限制，不能给予孩子充分的关注。

在充满着各种噪声的家庭里，可能父母和孩子关系是完全不同的，父母和孩子通过不同方式表达情绪。父母很苦恼，不知道面对面和孩子坐多久才能让孩子觉得自己已经充分表达了自己的想法。

在充满着各种噪声的家庭里，父母可能觉得自己的女儿大多数时间都不开心，想尽快让女孩重新开心起来。

也有可能，在这些家庭里，父母婚姻不顺，孩子在怒气和混乱中会产生失落感。

还有可能，父母有一方，特别能干，努力让家里的每一个成员都处于忙碌又高效的状态中。但却不知道如何停下来倾听彼此内心的声音。

上面提到的每个家庭，父母都竭尽全力想要做得更好。他们想要认识自己孩子本来的面目，想倾听孩子内心的感受。我和这些家庭中的成员一样，但是，他们的孩子在家庭噪声中却迷失了。那些孩子觉得自己应该喊得更大声一些，情绪再强烈一些。这样家人才能听到自己的声音。

学会倾听孩子的声音，倾听每个孩子的声音，一定要留出时间和他们交流，看清他们的样子，倾听他们的感受。在这项自我管理研究中，精神病学专家丹尼尔·西格尔（Daniel Siegel）将首要关系看作最能影响孩子自我管理的因素之一。首要关系指的就是父母和孩子的关系。

他把这种关系里的连通性称为"调谐"（attunement）。"在这种共鸣的联系中，两个人相互影响彼此的内心状态。这种调谐，这种连接的共鸣，让彼此更加团结。"他继续说道："这样的调谐实际上会促进大脑前额皮质的生长。正是这个区域决定了自我调节能力的发展。"

你的女儿想要你慢下来聆听她的感受。这样你才能看到她的样子，听到她的感受。这样你才能好奇她会产生什么样的情绪，然后和她建立联系。这种联系能帮助她定义自我，也能促进她的身心成长。通过这种方式成长，她才能自如应付内心深处和周遭世界中出现的情绪难题。

 被夸大描述的情绪

20世纪90年代末期，我第一次听到眼动脱敏再处理疗法（EMDR）。这个疗法起源于1989年，最初适用于治疗创伤后应激障碍（PTSD）。我想给那些经历过严重创伤的中学女生提供更多的帮助，所以深入了解了这种疗法。

有个女孩和妈妈在叔叔婶婶家小住。那天她和妈妈出门办事。在她们进门后，女孩一眼就透过家门看到躺在地上的叔叔的双脚。幸好，妈妈就在身后，马上蒙住她的双眼不让女孩看其他东西。叔叔在杀害婶婶之后自杀了。可想而知，女孩遭受了严重心理创伤。不单单是因为这本身是件恐怖的事件，还因为自己和母亲一起目睹了这个场景。

EMDR疗法对她来说特别有效。此后，我向很多遭受过严重创伤打击的家庭推荐了这一疗法。然而，在过去的几年里，创伤的情况有所不同了。

越来越多的被诊断出患有创伤后应激障碍的儿童和青少年找我来咨询。诱因从死亡、父母离异到遭受霸凌，每个都不尽相同。但孩子所受的影响大同小异。这些事件产生的影响和那个女孩目睹的场景十分类似。

你可能觉得孩子们被过分地诊断为创伤后应激障碍。说实话，我也不知道是不是真是那样。我每天很努力想弄清楚，为什么现在的孩子比过去的孩子更敏感，对情绪压力的抵御力越来越差了。解释这一现象的理论不计其数。我愿意倾其所有，找出有效的疗法，帮助受伤的孩子和家庭。我们将在后面的章节中继续讨论。目前，我们只要知道有这一现象发生，孩子需要我们的帮助就够了。

在美国，焦虑问题在儿童之间十分普遍，目前有 1/8 的孩子受其影响。

目前，有 10%~15% 的儿童及青少年遭受抑郁困扰。

相比 50 年前，青少年符合焦虑或重度抑郁标准的可能性提高了 5~8 倍。

一项针对 9~12 年级的学生的调查显示，16% 的受访学生认真考虑过自杀，13% 的人制订过自杀计划，8% 的学生在受访前的 12 个月里曾尝试结束自己的生命。

现在的孩子使用更夸张的词语来描述情绪，通常只想要引起他人的注意或者只想让他人聆听自己。同时他们也越来越难感受情绪，越来越缺乏情绪管理能力或者自我调节能力。心理学家玛德琳·莱文（Madeline Levine）在自己的著作《给孩子软实力》中提出，自我调节是现今孩子最需要学习的技能。我很赞同。这种需求与日俱增，可孩子们的自我调节能力却每况愈下。我们得采取一些措施。我们要教孩子不同的词汇、技能还有实情，才能让他们使用新方法更加准确地调节和定义自我。

不管你的女儿多大年纪，只要她能表达自己的情绪，她就能学会调节自己的情绪。因为男孩与女孩大脑发育方式不同，女孩学起来比男孩更快。那么我们现在就要开始了。在童年后期，我们经常看到自我调节的缺失开始阻碍女孩成长。爆发愤怒会阻碍情绪发展，恐惧会让她们在晚上拒绝外出。不管在家里还是在学校里，她们会因为缺乏自我控制而经常陷入困境。这样的后果对青少年来说更严重。

但是什么时候开始都不晚。你可以使用下文中提到的垫脚石来帮助任何年龄阶段的女孩在这一关键期中获得发展。

女孩的情绪管理垫脚石

 用情绪量表给情绪定级

40岁时，我被诊断出肾结石，我承认身体状态不如30岁了，疼痛让我苦不堪言。从那以后，我听到其他人也说小小的肾结石给人造成的痛苦胜过自然分娩时的痛苦。现在我对那张挂在急救室里的疼痛程度表有了新的理解。你一定见过的，就是那张标记着 1-10 数字的量表。在左边数字 1 那里，有一个开心的人脸，右边数字 10 那里则是一张痛苦的人脸。我希望每个家庭里都有一张类似的情绪量表来衡量女孩的痛苦程度。

因为缺乏情绪管理能力，很多女孩，无论她们多大，都遭遇过 10 级痛苦。不管情绪是愤怒、悲伤、恐惧还是尴尬，她们感受到的痛苦程度都十分深刻。事实上，我在很多育儿研讨会上都分享过这个概念。我自己还发明了一种词汇来介绍这把描述女生情绪的尺子。

我向来自己办公室咨询的很多女孩都介绍过这个情绪尺子。我让她们分享自己经历过的最强烈的情绪。不管这种情绪是愤怒、悲伤还是恐惧。如果是恐惧，我就会让她们告诉我她们认为可能发生在自己身上最恐惧的事情。很多女孩告诉我那会是自己父母遭遇不测。我们把这种事件定义为 10 级恐惧。从那一刻起，她们立刻获得了一些参照物。然后她们列出了尺子上其他不同级别的事件。没做作业可能是 3 级，有朋友忽视自己可能是 6 级。

你能想象得出来，如果你的女儿在一些 10 级事件或超越 10

和孩子试一试

级的事件中挣扎，一定要给她一张表格。在她平静的时候，让她描述一下自己设想中最吓人，或是最沮丧的事情。

把那个事件定义为 10 级。然后，她放学后上车，再回顾一下自己这把尺子。要先倾听她的声音。这样她就能知道自己的感受对你而言很重要。你需要倾听她，认可她，然后再帮助她正确看待自己的痛苦或是恐惧。问她这种情境是几级，她要如何应对这些情境。女孩们如果遇到这些包罗万象的情绪，我们需要帮助她们确认这些情绪的程度，而不是放任不管，导致这些情绪加剧。

 提前预警和找到应对技巧

去年，我和一位母亲有过一次交流。这位母亲不想把孩子送进禁闭室。因为她觉得孩子可能会产生被遗弃的感觉。我的确认同确保孩子感受到安全很重要，特别是我们在谈论依恋或遗弃的话题时。在我们的咨询中心，当孩子面临这些困扰时，都特别推荐凯伦·普尔维斯（Karen Purvis）写的那本《依恋的孩子》(The Connected Child)。无论你和孩子身处同一空间，还是让孩子自己待着。我认为"暂停时间"里，最重要的是"时间"。孩子如果没有时间练习，那他们永远无法学会自我调节。他们要先学会处理情绪，才能拥有情绪管理的能力。

事实上，我觉得家长还是最好从"时间"着手。我本人十分喜欢警告。事实上，我在给很多女生进行心理咨询的时候，已经开始实践这套我称为"黄牌警告"的系统。

和孩子试一试

通常情况下，当孩子闹情绪的时候，父母会做出相应的反应。孩子做了不好的选择，就要承担后果。她打了弟弟，就要替弟弟倒垃圾；她吼了妈妈，晚上就不能玩 iPad。后果是孩子行为的直接反馈，"黄牌"则具有预见性。

女儿情绪爆发的临界点是你能观察到的。她的手会握成一个拳头，脸会微微变红，她会咬紧牙关。你能发现这些信号，也很清楚接下来会发生什么。

我会告诉父母，那时候就该使用"黄牌"警告了。只要女儿能看懂红绿灯，你就能尝试和女儿一起使用这个系统了。正如一个女孩告诉过我的一样，黄牌亮了以后，就证明有麻烦要找上门来了。当你说出"黄牌"的时候，也就向她发出了警告，提醒她抓住机会，在严重后果发生前，赶紧采取一些措施补救。

提醒她会有什么后果，证明你已经管教过孩子的行为。但是我们的目标是要让孩子学会自我管理。给你的女儿一次警告，也是给她一次重新开始的机会，给她一些时间来缓和局势，也让她在那段时间里有事可做。

我由衷相信，在那种情况下，女孩们只是因为缺乏应对技能，才做出了错误的决定。孩子爆发情绪，或者青少年采取"自我毁灭"行为，让自己感到伤心从而麻痹自我，这些只是因为他们不知道自己还能采取什么其他应对手段而已。他们需要我们提供更好的选择。事实上，最近我听说好几个正在住院的孩子，他们的出院标准是能否想出100种情绪产生后的应对技巧。事实上，我们都需要学会这些技能，我们也都需要宣泄情感。我们还需要一些办法来管理自己的行为，疏导自己的情绪，将其转换成有益之物，而不是成为有害之物。

> **和孩子试一试**

最近我遇到了一群八、九年级的女孩。她们和我说不焦虑很难。她们想要一系列有助于减缓焦虑感的办法。我们将这些办法称为应对技巧，她们则称之为自己的"降焦虑、变快乐"之法。如：

听音乐

和自己对话，肯定自我

记日志

阅读

小组（同龄人之间）交流

看电视或综艺节目

找家人或朋友倾诉

给某个自己信任的人发消息

帮助别人解决困扰他们的事

浏览老照片

散步或跑步

唱歌

写歌

让自己身边充满正能量

躲在柔软又毛茸茸的毯子里哭泣

和自己的宠物玩耍

看滑稽有趣的视频或电影

画画

拍摄自然风光照

小睡一会

整理衣柜

跳舞

洗澡

阅读别人为了鼓励自己写来的信件

涂指甲油

拥抱某人或者某物

想想自己所爱的人

想想在情绪量表中自己的焦虑能打几分

列一张感恩清单

不管你的孩子多大,她都需要一些应对技巧。孩子能想出适合自己的方法,你也可以在网上找到很棒的图文说明。

坐下来一起制作一个属于自己的"降焦虑、变快乐"清单,把清单挂在冰箱上,也可以把它挂在她的镜子前。想办法帮助她们学会这项必不可少的情绪管理技巧。这样既能避免使你们产生沮丧情绪,也能避免让她承担太多后果。

 需要承担后果的警告信号

"我生气的时候会吼妈妈,为什么不能这样呢?反正她看起来对我毫不关心,而且我这样做以后,我确实心情好了一些。"

最近有一个中学女生对我说出了这段话。我马上就请孩子的母亲来我办公室,然后告诉她,是时候要让你的女儿承担一下后果了。如果12岁的时候,吼叫是她处理情绪的方法,那她成年以后还会这样。她长大后也不会立刻就奇迹一般地停止这一行为。

你的女儿需要一些时间才能学会"黄牌警告"系统。有些孩子不管多大，都无法自然而然实现自我管理。这一技巧需要学习。她们需要大人提醒才能注意到警告信号。当这些警告都不起作用的时候，她们需要承担一定的后果。此时逻辑没有用，她不在意自己的行为会伤害母亲的感受。至少，她不在意，不想停止这一行为。

女孩在吼叫后，情绪上会好一些。真正让她情绪崩溃的是丢了手机这件事。她终于意识到需要找到一种合适的方式宣泄自己的情绪，而不再让自己饱受折磨的母亲继续受伤。

小结

拥有情绪管理能力能给你女儿的未来打下基础，它对你的儿子也同样重要。它直接影响了儿子的婚姻、女儿工作中的人际关系、儿子想保住工作的能力、女儿的友谊、儿子成为父亲后控制怒火的能力，还有女儿成为青春期孩子母亲后被孩子慢慢推开后调节情绪的能力等。当然，情绪管理能力也对家长自己至关重要。

大卫曾谈到，作为一个成年人，我们很容易丢掉自己调节情绪的能力。

有一个词是我今天在谈到孩子的时候一遍又一遍提到的，那就是"沉着"。当孩子们的情绪摇摆不定的时候，他们需要一些坚定的东西来稳定他们的情绪。成长过程中很重要的一个部分就是需要在情感和精神上保持沉着。他们，或者说我们，如何找到真正的情绪稳定呢？

就在今天早上，我冥想的时候听到梅丽莎·特雷瓦森（Melissa）这样告诉一群高中生："最终，你们的选择要么由恐惧决定，要么由事实决定。"恐惧会让情绪恶化，事实会带来平和与希望，最终会带来情绪的稳定。

最近，一名叫劳伦的高中女生告诉我：我更了解自我是因为我有信仰。我很喜欢她这样的表达。通过建立自己的信仰，她不光发展了自己的理性，也明确了自己的身份。我很喜欢这种表述，在开始写这一章内容的时候就想将其包含在内，我觉得它很重要。我回去向这个女孩说起这个事，请她同意我使用这个例子的时候，才知道自己记忆中的内容已经和她原来的叙述大相径庭了。

劳伦礼貌又优雅地笑着回应道："这不是我的原话，但是我更喜欢你的改动，改过以后更好了。"

我很敬佩她在内心深处找到了比情感更加深刻的东西——信仰。

最后，也是最基础的，所有年龄段的孩子，不管是男孩还是女孩，都需要知道真相。他们需要知道自己被爱的真相，也需要通过你，他们才能看到、了解的真相。孩子需要你在他们的成长过程中帮助他们发展、发掘真理。这就是这本书为何以梅丽莎的精神关键期作为结尾的原因。理智很重要，但追求真相对每个年龄段的孩子来说都更重要。

拥有情绪管理能力的家庭练习

1. **疼痛量表**。打印自己的疼痛量表。向孩子介绍医生如何使用这个表格帮助病人理解自己身体的疼痛程度。训练他们开始使用这个模型描述自己的感受，让他们学会区分 2 级伤心和 9 级伤心。如果孩子年纪还小，使用他们熟悉的动画角色来表达。我们知道有一个幼儿园使用屹耳、维尼小熊还有跳跳虎来描述孩子不同的情绪。他们将自己的情绪描述成屹耳或是跳跳虎的情绪状态，并且将小熊维尼的情绪状态当成自己要达成的情绪目标。
2. **"降焦虑，变开心"清单**。让孩子制作并张贴一张清单，供他们应对情绪的时候使用。在没有遇到问题的时候制作这张表格，避开情绪发作时或发作后这两个时期。请切记，"饥饿的心不长耳朵"。
3. **创造情绪空间**。在这个空间里放一张迷你蹦床、一个压力球，也在她们的书包里还有车上各放一张"降焦虑，变开心"清单。
4. **调查**。利用孩子的图书、电影等作为探索的资源。让孩子扮演侦探的角色，辨认主角何时使用理智调整情绪，使用某个特定技巧，利用线索等方法。

5. **示范**。当你自己情绪失控的时候，请让孩子看到。孩子需要正面看到自己信任的大人犯错、承担责任然后再修复关系。

6. **复述**。"我听见你说……"倾听是基础。当你的儿子或者女儿试着描述自己的情绪时，用这样一句简单的表达也可以反映这些情绪。你会更有见解，孩子也会觉得自己的声音获得了更多的关注。

7. **做手账**。设计或者记录一份日志，选定一个地方让他们能消化情绪。让他们在那里能画画，能自由写作。在页面某处给她们留一个测量角落。他们能在那里通过画脸、使用颜色或数字来描述他们自己在量表上处于什么级别。

8. **新办法**。想一下，为了让设备更高效运行，你的手机、平板还有电脑多久一次收到更新系统通知。如果我们发现孩子没有在持续且高效使用清单、线索、策略或者情绪空间，那我们就要再进行头脑风暴，想一些新办法了。

第三章 共情

周一成了我（大卫·托马斯）一周中最喜欢的一天，每周一下午我都能遇到一群新孩子。他们通常都是七八年级的男生。他们都有"大人格"和"大情绪"。当这些情绪以支持、友情、忠诚还有同情等形式出现的时候，看起来真得很好。但是，当这些情绪以生气、失望、沮丧甚至失败等形式出现时，事情可能会变得一团糟。

"大情绪"+"大人格（有时候）"="大崩溃"。

你能想象得出来这样的画面吗：和这些小朋友一起很有趣，这些小朋友充满激情，欢乐，善解人意又充满好奇心。我们一起做了很多活动。我们在小组聚会开始的时候搭了乐高（练习耐心和管理）。每周我们都用一个情绪表格来记录自己的一周

（练习情绪词汇和共情）。我们一起做了实验（练习合作和情绪管理），我们也会一起吃个比萨（练习回报和关系，还有其他一系列促进形成良好习惯的措施。）我们一直在练习如何回应。我们还填充了一个名叫"尊重"的玩偶。你拿着它就是提醒小组里其他人，自己在发言。另外一个填充玩偶叫"回应"，提醒你自己的任务是回应或者提问其他人。例如，我们讨论过，当某人谈到自己篮球赛经历的时候，很自然是在谈论那场比赛发生了什么，而不是去对他人的经历评头论足。

我们试图理解和别人同喜乐、共悲伤是什么样子的。我觉得对于一个七岁的孩子来说，这是一个很合理的解释。

每周我们都提醒自己和他人，谈论自己是很自然的。只是我们不能同时专注于自己和我们的朋友。举着名叫"回应"的玩偶能帮助我们把注意力集中在别人身上。这些小家伙也越来越熟悉共情的练习。有一周，我们中的一个大学实习生刚好在城里度秋假。他和参加过我们暑期项目的好几个学员关系都不错。我问实习生是否能和我们周一下午见一面。能见到这个年长的年轻人，这些男孩都高兴坏了，于是我们一直准备如何和他对话。

男孩们一个接一个问他大学生活的状况，也对他分享自己人生中第一次远离父母和家庭居住的感受做出了评价。看到这些男孩和小组外的成员锻炼共情能力，这对我来说像是收获了一个意外的礼物。

有个小男孩抓耳挠腮地试图想出一些问题来。"回应"玩偶绕了一圈。很明显，小组里的人都知道并没有轮到他发言。可是他虽然不想浪费这个机会，却也想不出来说什么。他就抬起头看着这个实习生，然后开口说道："我有个青春期的哥哥，脸上长了一种叫痘痘的东西，他满脸都是这个东西。你和他有点像。我知道他很难过，我也为你难过。"

小男孩的话来得猝不及防。我犹豫了一会儿，不知道接下来应该要怎么开口。这是他为了共情所做出的最为真诚的尝试。在我开口之前，那个实习大学生说道："你说得太对了。我确实在长痘，有时候我确实很难过。谢谢你那么善解人意。"

某些人相比别人，更能自然地与他人共情。这就像有些孩子擅长数学，有些孩子擅长拼写一样。我们都能找到自己擅长的领域。有些人更外向，有些人更内向；有些人更擅长分析，有些人更具创造力。对于先天遗传还是后天环境形成的这个话题，我们可以谈论几天、几个月甚至几年。只要我们承认，两个因素都能发挥作用。

有些人很自然地会先想到别人，有些人很自然地会先想到自己。青少年时期，我们都很自然地会先想到自己。令人伤心的一个事实是，有些人没有从那种先想自己的趋势中走出来。我们相信培养共情这一历程就和锻炼肌肉一样。一些孩子身上这种"肌肉"就比其他人更少一些，一些孩子比其他人多一些。值得庆幸的是，我们越锻炼，这个"肌肉"就越强。让我们仔细研究如何帮助孩子锻炼这个共情肌肉，支持我们的孩子达到这一关键期。

男孩越小越易培养共情能力

周一讨论组的小男孩正处在我所说的男孩发展的依恋阶段,在我的著作《从"熊孩子"到男子汉》(Wild Things: The Art of Nurturing Boys)中,我将其称为"爱人"阶段。如果我有能力将一个孩子冷冻在某一个阶段的话,那一定是这个阶段了。相比其他阶段,5~8岁的男孩更可爱、更体贴、更温柔、更勇敢、更有想象力。他们在进入青少年期之后,这些特质就消失殆尽了,变得更自觉、更有批判精神,也更具竞争意识。

教一年级男孩共情要比教七年级男生共情更容易。不是说七年级男孩就做不到,而是说发展障碍会让这段旅程更复杂。

男孩的共情绊脚石

 天生的竞争意识

男孩天生就有竞争意识。我们的目标从来不是让他们打消这种竞争意识。即便我们尝试,我也不信我们做得到。竞争意识是天生的,会在男孩人生历程的某些时刻起到很重要的作用,这种作用会持续到他们成年之时。这一目标会让他们发展得更加全面。我们想让他们拥有不同的个性,想要在各种关系中都获得成功,他们不仅需要天生的竞争意识,也需要一点一滴练习与合作有关的技巧。他们需要学会妥协,也需要掌握坚持的艺术。同样,他们还需要学习给予和回报的关系,掌握回报的技巧。

如果一个男孩只体验过竞争环境,他唯一熟悉的姿态便是反对而不是支持。

如果他热爱体育竞技,那再好不过了。在这种环境下他能够学到的东西太多了。他自然有机会给同组的队友提供支持,也能锤炼自己的运动精神,但他最先学会的还是竞争意识。

除了竞争机会之外,他需要得到服务的机会。我们在搭建共情基石的时候会深入探讨。

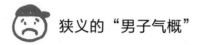 **狭义的"男子气概"**

在第一章中,我提到了一部叫《面具之内》(*The Mask You Livein*)的纪录片。我向每位父母、教育从业者、青年导师,每一位关心男孩成长的人强烈推荐。这部电影很好地讲述了一个事实:我们对于阳刚之气的定义都非常狭隘。电影通篇都在讲述男孩对"成为男人"这一话题的看法,或者谈自己对于"男人一点"这个短语的理解。

这部纪录片强调了男孩接受的训练是不去流露情感。男孩们没有太多机会、方式和情境能以更健康的形式处理情绪。这就是三十年来我们咨询中心一直接待小男孩和青春期男孩的原因。男孩们急需一个能和其他男性探讨如何掌控生活的环境。很不幸,我们所处的文化会告诉那个男孩,这样做是软弱的表现。在遇到困难时,男孩文化会让孩子用游戏机治愈自我:"当生活遇到波折时,你仍然可以掌控全局,统治自己的世界,你可以用手中的遥控器摧毁敌人。"

==男孩文化崇尚力量、统治、武力、独立还有控制。这种文化不崇尚牺牲、谦卑、诚实还有同情。==你只要看看本地正在上映的电影,了解一下你孩子在听的歌曲的主题,或者吸引他的电子游戏就会明白。大众媒体要么很少，要么几乎就不会刻画男女共情的场景。

 冲动的行动力

除了这些文化的影响，我们作为男性的本能就是要成为有行动力的生物。我们是解决问题的人，我们有很明确的目标导向。

仔细想想，媒体是不是频繁在男女关系中强调这一事实，男性费力想去倾听，女性则只想寻求理解。她想要倾诉，而他却想修正。

就像竞争一样，我们不会试图让一个年轻人失去这种本能。正是这一特质让他们成为男性。我坚信行动力，那是他的名片。不去理解就采取行动的行为是危险的，甚至是有害的。

积极倾听的意思是，"我不会假定你需要什么，我们光倾听，然后由你来告诉我"。对我们的配偶、孩子、朋友还有同事使用这一招的话，会改变你们的关系，那么共情能力也就会由此诞生。

男孩的共情垫脚石

 用实践练习积极倾听

当我们和孩子练习积极倾听时,我们和孩子最有可能建立联结。我们已经讨论过,认为男孩是经验式的学习者。我们不能光张张嘴就让他们学会共情。我们也不能用说教的方式让他们学会共情。只有实践才能进步。我的儿子上八年级时,学校给家长发了一封邮件,通知近期将有一次去养老院探访的活动。邮件里包含了一些常规信息:时间、日期、午餐菜单,还有一张家长同意书等着我签字,但我却被这次旅行的说明深深吸引住了。

这封邮件说明了每位学生如何选择一个性格特点用于研究。第一部分是定义性格特点。第二部分包括对城市中各个养老院进行实地考察的一系列访谈。学生们会采访老人——倾听并记录他们的故事,在各个故事中寻找自己要检验的性格特征。

这封邮件告知他们如何礼貌又不失体面地询问已经在教室里讨论过的这些采访问题,如何设计问题促成自己最终的性格研究。第三部分是家长访谈。在访谈中,孩子会仔细听任何有关性格特征的内容。

我非常认同这个活动的目的,这个项目有很多好处——不但能研究性格,还能在访谈时锻炼共情、积极倾听、反馈和同情等能力。除此之外,他们能了解到那些历经过两次世界大战、"大萧条"、民权运动等各个重要历史时刻的人们目前的生活状况。

我儿子和他的 4 个同学有幸采访了一位刚刚过完 109 岁生日的老妇人。我儿子说她魅力迷人、善解人意、慷慨大方,且记忆力超群。儿子重述了很多这位可爱女士分享的在一个世纪的生活中亲眼所见、亲身经历的趣事。我告诉儿子如果采访我的话,就不会那么有趣了。

我惊讶地发现,我们可以轻而易举地把这些多彩的经历融入孩子的日常生活中。如果让我们的孩子和自己的祖父母辈、社区里的老人或是住在养老院的人建立联系,情况又会如何呢?可以倾听他们的故事,研究他们的性格,学习更多对话和倾听的内容,给需要探望的人带去祝福,与此同时自己又能收获祝福,这样多好!

 用电影、绘本、写作学习共情

我一直坚信故事能吸引男孩的注意力。我在咨询中经常给男孩看电影片段。我们会和小男孩一起戴着侦探帽,读儿童读物。我们也在找寻线索:

角色会有什么感受？

面对这种对自己有益或者有害的感受，角色会怎么应对？

侦探故事能让小孩子锻炼共情能力。大多数男孩喜欢看电影。但是，不是每个男孩都喜欢看书，而这两种形式都会促进共情能力的发展。

比如我觉得每个孩子，无论蹒跚学步的、上小学的，还是青春期的，都能通过观看《头脑特工队》这部电影，有所收获。我相信，每个上小学和上初中的学生都应该读《奇迹男孩》这本书。我可以列出几百部教导男孩学会共情的电影，比如《风雨夺标》《火箭男孩》（又名《十月天空》）《我的小狗斯齐普》《仙境之桥》《E.T.外星人》《杀死一只知更鸟》《光辉岁月》《真情电波》《我的美国心》《生死竞赛》《麦克法兰》等。通过研究这些图书和电影，我们能做很多事情。

> 和孩子
> 试一试

我现在正和一个很棒的家庭合作。这家的父母最近刚刚外出旅游去度过结婚纪念日。他们的儿子在父母外出期间情绪崩溃了，对着照顾自己的大学生发泄情绪。通常情况下，他只对自己的父母宣泄这些情绪，从来不向老师、亲戚、保姆还有朋友流露分毫。

这个小男孩在家自学，每周去上几天辅导班。他父母决定在每周的写作课程中加入更多情感学习的内容。孩子不得不给保姆写一封道歉信,为自己的行为负责。明智的父亲决定让他从家里宠物狗的视角记录下周末发生的事。当男孩丧失理智,大吼大叫的时候,这只狗看到了什么,经历了什么及感受到了什么。后来证明,这是一个很棒的任务,任务里充满了学习共情的机会。

用尊重对方的方式提出反对意见

我最爱的作家安·拉莫特曾经说过:"你要么练习如何做到正确,要么练习如何做到善良,两者不可兼得。"我一直坚信善良比正确更有价值。善良更深刻,更有内涵,也更加厚实。好心有时候肤浅又虚假,不太真实。善良却包含尊重,能对每个人内在的自尊做出回应。

几十年前,我还是一个年轻的社工,和朋友参加了一个学习小组的活动。一年里,我们每周见面两小时。我们特意分了组,这样每个小组里都有不同年龄、种族、宗教信仰、喜好及政治主张的成员。每周我们都有一个固定的讨论话题。每周我们也都承诺自己要继续彬彬有礼、有理有据地开展对话。实际上,我们还练习了善良而不只为正确地思考。

时至今日,这段经历仍然是我人生中十大最有意义的活动之一。通过这样的练习,我对很多有关他人与自我之间的关系增进了理解。我知道了提出反对意见的同时尊重对方需要通过练习才能学会，就和学骑自行车车差不多，一定要练习才能学会。没有学习前，没人知道怎么做。如果我们没有见过别人练习，自己又不去练习，就像我穿上跑鞋刚开始跑步第一个月的情况一样——丝毫没有熟悉感，还会觉得疼痛难忍，呼吸困难，忘记如何调整步伐，也不会边跑边呼吸。

"彬彬有礼"这个品质早已失传。只要去看看赛场上运动员和教练对着裁判大声吼叫，或者看看总统竞选的场景，读一读剑拔弩张的推荐文章，或者看一看新闻就知道了。==我们的孩子再也见不到如何尊重对方又能提出反对意见。==

此外，有些孩子（也包括成人）反抗意识过强，特别喜欢争论。我发现越聪明的男孩越容易这样。他们非常聪明，掌握很多信息，总能找到问题的正确答案。

他们需要付出更多的努力，练习谦虚，不要变成自负又自以为是的人。练习彬彬有礼对他们来说更难。但就像我们讨论过的一样，练习使人进步。

女孩富有同情心不是具有共情能力

《魔法坏女巫》(Wicked) 一直是我（赛西·戈夫）最爱的百老汇剧目。它基本就是《绿野仙踪》的背景故事……好女巫是如何变好的，坏女巫是如何变坏的。至少，是这两个故事黑化或者绿化版本。情绪和渴望如何左右我们，随后我们挣扎其中，想要知道如何应对。女孩们也费尽全力想知道如何才能与他人共情。

如果你们有人没有看过《魔法坏女巫》，建议去看一下，这是一部很好的剧。格林达遇到未来会变成坏女巫艾尔法巴。她们两个成为寄宿学校的室友后，格林达可怜艾尔法巴，决定帮助她。整个剧最好玩的情节便是她指导艾尔法巴如何变得受人欢迎。像一首歌里唱的，"当有人想要脱胎换骨，我立刻成为替补"。如果你没有听过，赶紧自己查一下。但你能想得到，这种罕见的既优雅又堕落的状态，只有女孩能做到（女人也可以）。这几年，有很多女孩向我倾诉的故事如出一辙。

还有一些值得注意的事情。是格林达的自我意识。我们脑海里立刻浮现出"自恋"一词。这正是女孩实现共情路上的绊脚石。

格林达向艾尔法巴展现的并非共情。事实上，她甚至没有表现出同情。格林达给她朋友提供的其实类似于"可怜"的感情。有何差别呢？你可能觉得奇怪。可怜、同情、共情都可以放在一个情感连续体中来看。

我们可以做如下设想：可怜是注意到了有位朋友掉进了洞里，然后因为他上不来了就为他感到难过；同情是朋友上不来的时候，你躺在洞口一侧陪他聊天；共情是因为知道陪伴是最好的帮助，就在救援到来之前，也下到洞里陪着他。

你可能体验过三种情感，尤其你是女性的话。有人遭受痛苦时，我们经常说这样的话："我不想让她经历这些。""我为他感到难过。"

上面这些没有一个谈及共情。不知何故，她们只是旁观者。虽然好心，但是漠然。共情是一种共同感情，而不是只要单方面表达出来就好。可怜和同情让我们看起来更好。共情和关注自我毫不沾边。这对女孩来说特别困难，尤其当她们处于人生某些阶段时。

女孩的共情绊脚石

你可能觉得，女孩自然而然地就能学会共情。她们是有自觉性的动物，我们对此深有体会。女孩确实在幼年期更容易自然而然地形成共情能力。这一时期特指从蹒跚学步的幼童到青少年的期间。

当梅丽莎和我写作那本《养育女孩》（Raising Girls）时，很多父母告诉我们，女孩不光能有共情意识，还能闯进他人的情绪中。你可能又回忆起自己女儿遇到类似情况时是什么反映了，你送她去参加第一场足球赛，她在场地里踢球，进攻方向很对。但是好友在她背后摔倒的时候，她全然不顾进球任务，转而停下一切去帮助自己的朋友。

 自以为是

"玛格丽特是我的好朋友。我们一起经历了很多，我们也真的能理解彼此。她的父母去年离婚了，但我记不太清了。"

是呀，上面这些话就是一个中学女生大声告诉我的。我不知道是该把这些话归类成她对好朋友的可怜、同情，还是共情。这些话听起来比这三类感情都还要冷漠。作为一个为女孩子提供长达 23 年心理咨询的人来说，我认为自以为是是女孩形成共情能力路上最大的绊脚石。

我可以和你分享很多关于女孩的故事，故事里的女孩说话方式和玛格丽特的朋友太像了。所有女孩成长过程中都在一定程度上和自以为是进行过斗争。斗争最激烈的时期发生在初中阶段。女孩自我意识越来越强的时候，就越来越忽视身边的人。

这是发展过程中很自然的一次停留。我们只是不想她停留得太久。

如果你的女儿在小的时候能很自然地表现出共情能力，告诉她，你为她感到骄傲。告诉她，她拥有深切关爱周围人的能力，无论这个人和她的远近亲疏状况如何。

当自觉意识开始阻碍共情能力时，她会需要你来继续提醒她，共情是她内在能力的一部分。这既是为了她好，也是为了你好。这些好处一眼就能看见，特别是当她和朋友一起时。一个青少年家长最近告诉我，她很高兴女儿很喜欢自己的朋友，也愿意为她们挺身而出。不管她心里想的是谁，只要不是她自己就行了，因为她想到的肯定不是家里人。继续召唤你在女儿青春期所看到的共情能力，抓住这些瞬间，给她练习共情的机会,即便她自己对此毫无察觉。

 ## 对他人需求缺少关注

几年前,我们在一个富庶地区的一座教堂里开设了一个育儿研讨会。我们探讨的就是《现代父母,传统价值》(*Modern Parents, Vintage Values Revised and Updoted*)这本书里的内容,还有教导孩子学会感恩的重要性。我提到自己听到父母告诉学龄前的孩子和大人说话的时候,要"看着他们的眼睛"时,会非常欢喜。听众里有一位母亲举了手。

"我儿子很内向,我教过他,让他和别人说话时用'看着对方的眼睛'这个办法。但不管用。我有点手足无措了。如果他那样和超市收银员说话,不看着他的眼睛,我无所谓。可是我想让他学会如何和我的朋友说话。"

你发展自己的共情能力时用的是什么方法?哈佛大学教育研究生院的两位心理学家理查德·魏斯伯德(Richard Weissbourd)和斯蒂芬妮·琼斯(Stephanie Jones)设计出了"关爱大众项目"(Making Caring Common Project),致力于教导孩子学会共情。在二者合作的论文《父母如何培养孩子的共情能力》(*How Parents Can Cultivate Empathy in Children*)中,她们提出了一个特别重要的观点——变焦。他们鼓励父母聚焦,帮助孩子关注自己身边人的需求，同时也能从聚焦中抽离，观察周边甚至整个世界。我们想让孩子先观察，然后形成对他人的共情。那些人可能正经历某种困难，面临某项挑战。为了教育孩子放眼自身以外，再去聚焦，我们也需要这样做。

你如何才能帮助孩子扩展他的世界呢？首先让他们意识到每个人的需要是与众不同的，这样就会有帮助。你可以在慈善厨房做志愿者。你也可以通过一个组织领养孩子，让他们给那些孩子写信。给他们创造机会让他们不单单了解表面，而是要去和有特殊需求的孩子建立联系。在你生活圈子内外的人身上进行示范，并且表现出这些会对你的生活所产生的差异。

 过度关注自己的情感

今年秋天，一位母亲告诉我，她的目标是给自己的女儿找另外一位七年级的学生朋友，从而可以让她女儿感到很特别。请注意这位母亲使用的语言。她的目标并不是让女儿找到一个朋友，而是帮助她女儿认识到她自己很特别。我不知道你怎么想，但我从上面的表述中发现了两个问题。首先，七年级的学生不会把目标定为让自己觉得很特别。其次，上面那个本意很好的妈妈混淆了自己的愿望和目标。我肯定明白她的愿望。这个女孩在友谊问题上挣扎了多年。她妈妈只是想让自己的女儿与人建立联系，感受到爱意，接到参加睡衣聚会的邀请。

当然她的愿望是这样的。这也是每个父母的愿望。但是当一个母亲说自己的目标就是让她的女儿感到自己很特别，那就意味着相比看重她自己的女儿，她更看重的是她自己的感受。"我们需要让家长稍微减弱一些关注。那些关注都集中在让自己的孩子更加开心的问题上面，家长最关注的应该是孩子能对他人负责。"理查德·魏斯伯德说："我总是感受到孩子的情绪，而不是父母的情绪。（你还开心吗？你听到这个以后有什么感受？你觉得没事吗？）这样会产生一个意料之外的后果，孩子总是关注自己的感受。然后他们当然就不在意班上新来的那个孩子是否感到孤单，不会去问自己妈妈为什么看起来那么憔悴，不太注意自己什么时候伤了妹妹的心。"

不单单只有青少年才因为过度关注自己的情感而感到挣扎。每个年龄段的孩子都有这样的感受。青少年在这方面的问题是正常的。但是，对于女孩来说，她们越来越难地顺利进入关键期了。这个问题十分突出。

另外一项关于共情的研究指出，教育孩子被人需要的最佳时机是当他们自己产生需求的时候。人们把这个称为冷热共情差异。这个概念是由卡内基梅隆大学一位名叫乔治·洛温斯坦（George Loewenstein）的心理学家提出的。这一概念指出，理解是相互依存关系。例如，如果你的孩子很开心，那他就很难理解伤心是什么样子的。如果他有很多资源，那他就很难想象心里总是有需求是什么样的。时至今日，我们都陷入了困境，让孩子处在丰盈的状态之中。而无法与他人共情。

作为父母，你希望自己的孩子有朋友，获得成功，感受快乐。但是你千万不要把她的快乐变成你的第一目标。相反，你要优先考虑她们的共情能力，她们的心灵，她们日益增长的精神需求。说得更简单一些，你要更加重视她的品格，而不是她的快乐。让她的内心一直存在需求。不要过分强调她自己的感受，不然她很难意识到别人的感受。给她创造机会，让她所构建出的那种共情能力，能给她带来比短暂的幸福更加持久、更加深刻的快乐。

女孩的共情垫脚石

 与他人共情的意识

和孩子试一试

前面的情绪词汇、情绪管理关键期对于你的孩子形成共情能力来说尤为重要。孩子需要首先用情绪词汇表达自己的感受。"我感觉＿＿＿，"她可能会这样说。

然后她需要管理自己的情绪，表达成："我感觉＿＿＿，但是我知道自己会没事的。"或者"我很害怕,但是我知道我的父母会照顾我的。"

共情的关键期能让她越过自己,进入他人的心中,意识到"他感觉＿＿＿。""我弟弟想要一块糖。""那个朋友很伤心,需要一个拥抱。"

研究者认为,孩子到了8岁或者9岁以后,才真正有能力理解共情。但是孩子在5岁以后对于公平的意识就十分强烈了。他们希望自己受到公平对待,也希望别人能受到公平对待。他们的意识正在不断形成,而那种意识则进一步为共情发展做好了铺垫。

你如何才能在女儿的心中培养更强的共情意识呢?请和她谈一谈。帮助她了解其他人的观点。不管这个观点来自你住院时候的邻床病友、学校里新转学来的女孩,还是街上无家可归的人。

"如果你变成了对方,你会有什么感觉呢?"

"如果你转学到了一所新学校,你希望别人做些什么呢?"

"你还记得自己觉得饿了是什么时候吗?"

你的女儿具有很强烈的共情意识。她情感丰富,敏感自觉。这种意识是从她出生那一刻起就存在的。她有能力通过这些向外求助,关心他人。我们作为成年人,想要教导和鼓励她们，培养她们形成这种意识，让这种意识更加强烈。你的女儿随着年龄的增长，会将意识关注的焦点从别人身上再转回自己身上——这一过程就这样循环反复。当她的意识更多地关注自己的时候，有时候可能会表现得很有限，但是当这种意识和一种能改变生命的概念——谦虚，混合在一起的时候，自由便降临了。意识是共情的起点，而谦虚则是共情结出的果实。

 找到谦虚待己的地带

最近在一个高中女生小组里，两个女生讨论了自己和自己的姐妹之间的关系。这两个女孩都情感丰富，也充满表达力。直到现在，当她们即将离家上大学的时候，她们都对和自己的姐妹形成良好关系不太有兴趣。她们的姐妹们对她们做出的尝试回应也很冷淡。这一点让她们很吃惊。其中一个女孩甚至说自己的妹妹表现出恐惧的感觉。"我不知道。"她说，"我以为她（我妹妹）会很开心，终于能够和我一起逛街了。我觉得可能我冲着妈妈吼叫的时候，也吓坏了她。我不是很明白。"另外一个女孩，恰巧是家里最小的孩子。她说："我和你小妹妹有点像。我很讨厌自己的姐姐冲着妈妈吼叫。我觉得我有必要保护妈妈。她那样对待妈妈的时候，我不想和她有任何瓜葛。她决定和我建立关系的时候，也不一定就是说她在帮助我。毕竟她让我和妈妈遭受了那么多痛苦。"

我坚信，这两个女孩都想向自己的姐妹表达善意。在高中生活结束的时候，她们想要改善自己和姐妹的关系。但是这就和我们开始介绍的格林达很像了，==帮助是给予，而不是从他人那里索取。==

C.S. 刘易斯（Clive Staples Lewis）曾说过："真正的谦虚不是小看自己，而是少想自己。"真正的谦虚是爬下洞里，陪伴我们那位掉进洞里爬不出来的朋友。

我们如何才能帮助孩子学会谦虚呢？这可能和你脑子里想的大相径庭。我每天都和关心自己女儿自信心的家长交流，似乎女孩们要么自卑要么自负。就像有一个家长曾经和我说过的那样："我的女儿要么过分看低自己，要么过分看高自己。就好像她永远在自负和自我厌恶之间不断摇摆。"可是这两者之间有什么是唯一不变的呢？那就是自我。她永远想着自己。

哈佛大学心理学家理查德·魏斯伯德（Weissbourd）研究共情时坚信共情能避免欺凌等残忍行为的发生。我们曾不止一次听到过欺凌是因为内心不安导致的。欺凌的人心里只想到了自己。不管自己的女儿是意识不足还是过剩，我们都希望她们尽量别只顾自己。这是提升共情能力的关键，这也是爱的体现。所以，我们要如何才能培养女孩的谦虚意识呢？

用行动去练习谦虚

共情是一种可练习的技能。就像学习一门语言或者一种乐器一样，共情需要练习才能学会。我们前面已经知道，女孩们感性、直觉敏锐，还有很强的共情能力。但这些情绪既能帮助她们进入共情关键期，也能妨碍她们进入共情关键期。如何引导女孩顺利进入共情关键期，这一切都需要练习。

怎样展开练习呢？我们如何才能在女孩心里逐步培养关注他人以及谦虚的意识呢？我们如何教会她们更加关注别人呢？她们的自信心如何才能在上面提到的一些情况中起作用呢？

我亲爱的孩子，我们不要光嘴上说爱。让我们行动起来。只有这样，我们才能感觉自己真实地活着，这样也能避免自我批评削弱自身的力量。

即使这几年，和女孩交谈的时候，我发现自己很难开口讲出："让我们练习去爱……"那样才能不受自我批评的影响，如果还能产生影响的话。女孩一直相信，我们所有人都相信，一旦自信了，就能关爱他人。我们感到不安是因为我们想要掌控一切，或是我们想要置身事外。我们也愿意奉献，但我们想远远地奉献。奉献时，我们希望自己仍然能够感受到自我。

我们培养女孩共情能力时，还能顺便提升她们的自信心。

她们会将目光从自己身上移开，转而关注他人。在爱的过程之中，她们与人共情时，就找到了自由。这样，既能破除自恋，同时还能培养谦虚的品格。

教导你的女儿卷起袖子。你在一旁也需要照做。你要亲自实践。你要爱她，别想着控制她。除了为他人感到遗憾之外，请你采取一些行动。你还可以表现出一些同情。教导孩子在挣扎过程中学会分享。让她爬进一个洞里陪伴朋友……陪伴奶奶和外婆……陪伴亚马孙丛林里那些基本权利都无法得到保障的穷孩子。认识到居高临下给予的并不是爱。

小结

共情能力的学习对男孩女孩来说都是一种挑战，对我们成年人而言也是如此。但共情却能真正影响他人。别人想到我们，对我们说些善解人意的话语时，我们都会沉浸其中。但我们真正希望的是，有人能"爬进洞里"来陪伴我们。这样，发出行为和接收行为的双方都会发生改变。你的孩子能关心自身之外的人，在他人挣扎的时候伸出援手，那他们就能用更深刻、更多样的方式爱其他人。共情能真正传递爱意，也能诞生真正的自由和自信。

培养共情能力的家庭练习

1. **感恩之心。** 让孩子重拾丧失已久的技能。给自己的教练、学校老师,还有那些在他生命里帮助过自己的人,写一张字条,表达感激之情。让孩子学会认可他人在自己身上付出的时间和精力是个非常实用的建议。

2. **家庭会议。** 召开家庭会议,你们可以一起讨论决定重要事项,审视日常生活,共享管理和奉献的想法。每个家庭成员通过这种方式表达想法,倾听其他人的观点,能产生很多好处(练习共情、积极倾听、一起讨论等)。

3. **归还能量。** 当孩子和自己的兄弟姐妹或者你争论一些事情的时候,你只要看着他们说:"这样的争论让你我的能量都流失了,你要把那个还给我。"让孩子通过一些你需要完成的任务(如叠衣服、扔垃圾等)来"归还"能量,以锻炼他们换位思考,这是一个好办法。

4. **资助。** 考虑一下通过一些慈善组织资助一个孩子。您的孩子将有机会为陌生的同龄人写信、收发图片(照片)及信件等。这样他们能够通过孩子的眼光来探索和了解另一种文化。

5. **写鼓励信。** 让你的孩子写鼓励信,就像美国国家橄榄球联赛运动员在比赛中射丢一记球,惜败于海鹰队后,一群一年级孩子十分善解人意地为了安慰球员给运动员写信那样。

6. **阅读。** 介绍一些生活经历不同的角色。与孩子一起阅读《夏洛的网》《杀死一只知更鸟》《奇迹男孩》等书。分享一下与各个角色换位后所获得的思考。

7. **利用冲突。** 利用冲突培养共情能力。孩子在学校产生冲突或者意识到冲突时,让他们从双方视角审视问题。当他们对老师或是教练感到失望时,也让他们换位说说对方作为成人会有什么样的感受。

8. **思虑周全。** 帮助孩子为他人考虑周全。例如,在你们一起逛商店时,问一下孩子是不是想给自己弟弟买点东西。

9. **冷热共情差异。** 孩子有所需求时,不管是他冷了还是饿了,利用冷热共情差异培养其共情意识。如果让你今晚露宿街头,你感受如何?或者,下周我们可以去收容所帮忙,因为天气太冷了,那里人也许需要帮助。

10. **聚焦。** 和家人练习一下聚焦技巧。可以把这个技巧设定为夏天需要完成的任务,你可以花一周的时间练习聚焦,看看能为你自己和身边的人带来什么。下一周你可以试试不聚焦,看看会对你日常生活之外的人产生什么影响。

11. **奉献。** 让孩子帮忙做一顿饭,给一位仍在生存中挣扎的朋友送去。和那位朋友分享自己的近况。做饭的时候可以问一下孩子对这位朋友还有家人有什么样的感受。

12. **想象需要帮助的人。** 想想某位在特定节日时,因为失去亲人或者空虚而感到伤心的人。想想你能做些什么让他们的假期过得好一些。

第四章　应对智慧

一位名叫迈克尔·刘易斯（Michael Lewis）的心理学家曾围绕1岁的孩子研究性别差异。刘易斯和同事在孩子与妈妈之间设置了一个障碍，这个障碍造成了物理分离，但孩子能看到妈妈。随后他们就通过哭喊和叹气等行为向母亲释放焦虑信号。

大多数男孩会试图拆掉障碍，但大多数女孩只是站着哭泣。男孩想要重回母亲的怀抱，即使需要跨过障碍，将其推倒，从旁边迂回，或是冲破障碍。刘易斯评价道："他们的行为就像超人前去营救一样英勇无畏。"

与此同时，女孩的行为立刻引发了他人的同情。她们更容易获得他人帮助。女孩表现出焦虑时，妈妈会从障碍物后面出现将其抱起。这就是作者赛西和女孩们探讨的另一个例子：所有一切都关乎关系。不单单指身处关系之中，而是在关系中获得倾听与理解。女孩更倾向于过程导向，男孩则是行为导向。

我们可以好好利用情绪，构建有用之物。女孩会在利用关系、进行合作时展现出更多智谋。男孩则更偏向于行为驱动或者专注于解决措施。我们的任务便是，孩子朝这一关键期发展时，掌握更多方法，验证和发挥他们的天性。

我们在生活中都遇到过阻碍。有的孩子一遇到障碍就认为，我要想办法越过、踏过、突破这一堵墙。也有孩子则认为，我无法逾越这一障碍，在半路上躺平也挺好的。

这些障碍可能是作业不见了、遭到朋友背叛了、组队的时候落选了、学业上需要帮助、驾照考试失利、身患慢性病、大学入学考试得分低等一系列事情。不管遇到何种障碍，我们的目标始终是帮助孩子应对困难以及随之而来的情绪。

男孩在面对困难时的应对智慧

我(大卫·托马斯)经常在办公室提到自己如何创造"挑战",我试图让这种挑战更有趣,同时以此观察孩子如何面对自我,激发他们解决问题和批判性思维的能力。

他们在刚开始的 30~60 秒放弃了吗?
他们说了"这不可能""我做不到"等负面的话了吗?
他们是否非常沮丧,推倒了搭建物,沮丧地扔东西呢?
他们是否重复这一模式,还是有新方式产生?
他们遇到困难时是否寻求帮助?

大多数男孩享受挑战。他们渴望找到应对之策,一定会采取行动。很不幸,很多男孩幼年就会受到情绪阻碍,因为他们的词汇和情绪管理能力尚未得到开发。沮丧、疑惑还有失望随之入侵,让情绪劫持了大脑。他们所能利用的资源非常有限,

也不能顺利走出情绪"迷宫"。

我发现这对很多聪明的年轻人来说都具有挑战性，那些男孩认知能力极强，情商却很低。他们可能在学术方面表现出色，但他们一遇到情绪或社交障碍时就会屈服。此时，他们想要获得帮助几乎不可能，在头脑风暴时彼此合作也很困难，体面地消化情绪也不行。直到匆匆几十年后，他们才去设想这些缺失如何影响自己在婚姻、育儿还有职业方面的问题解决能力。

我希望有一个测量工具能让我们衡量一个孩子的情商和社交商，就像我们用来测量智商的量表一样。要是测量情商和社交商这两个变量和测量智商一样简单就好了。我猜大部分人的这两个变量并不一致。我和很多高智商男孩聊过天。他们的智商远超自己年纪所属的水平。可以设想一下，一个10岁男孩上八年级，可是情商只有一个4岁孩子的水平。我也为一群成年人做过咨询。可那些人竟然无法在由7~8周岁男生组成的小组里正常社交。我们都认识这样的人。这也是我觉得很有必要写这本书的原因。

我希望帮助男孩将课堂中掌握的问题解决能力应用到日常生活中。这也是我支持孩子参加童子军的原因。美国童子军（BSA）为促进男孩面对问题时的智慧发展创造了无数机会。很少有机构在促进男孩提升韧性和毅力的同时还能做到让他们接触自然环境,着重培养他们的荣誉感、正直的品格、奉献精神以及公民责任感。

我们作为父母、祖父母、教育从业者、教练还有导师,可以根据童子军的培养目标,帮助男孩走向这一重要的关键期。随着研究持续推进,我们意识到有必要重新定义真正的成功,将注意力从学业平均成绩、大学入学考试成绩、学业能力倾向测验、体育成就以及荣誉称号等指标上移开,转而关注毅力、韧性、情商、感恩、诚实、勇气还有遇事时的应对智慧。

男孩拥有应对智慧的绊脚石

 用责备迫使他人与自己一起分担痛苦

给男孩做咨询工作二十多年后,我还持续不断地看到责备模式和陷阱的证据。在这些领域中,只有男孩饱受挣扎。正如赛西所说的女孩普遍出现的问题一样,男孩的情况也如此。并不是每个男孩都那样挣扎,但我的经验是,男性更容易遭受责备、回避还有否认的困扰。女性自然也会在这些方面面临挑战,但男性的情况更普遍,我用一个缩略词来定义这种弱点——BAD。

B（Blame）——责备

A（Avoidance）——回避

D（Denial）——否认

下面让我们先了解一下"责备"如何阻碍情绪的发展。

几十年前，一位母亲和我分享了丈夫出轨的事。她在将洗好的衣物放入丈夫衣柜的时候注意到了床头柜里面露出一角的一封信。她拆开看了以后，不停哭泣。深藏心底数十年的疑虑得到了证实——她丈夫出轨了。第二天早上，她鼓起勇气当着婚姻咨询师的面和他对质。她边哭边讲自己发现这件事的经过。咨询师看着丈夫说道："对你妻子所说的，你有什么需要回应的吗？"丈夫盯着妻子怒吼道："你为什么要翻我的私人物品？"

妻子对丈夫的回应感到震惊。她抬起头看着自己的丈夫回应道："我只是在整理衣物，并没有在翻找你的个人物品。我们谈的并不是这个，我只想问你是不是出轨了。"在不忠面前，他没有任何忏悔，只有责备。

布芮尼·布朗（Brené Brown）在研究羞愧与脆弱多年以后，很明智地将"责备"定义为"释放痛苦和不适的一种方式"。我觉得这个定义来源于那句谚语："同病相怜。"如果我正遭受不适（恐惧、愤怒、负罪感等），我就要让你一起分担。我把这种模式定义为"抛锚"。这是小孩子的表达,"与其自己找到出路,不如在你腰间系一个锚,将你和我一起拖进海底"。

想想孩子推卸责任的办法。把责任推卸到父母、兄弟姐妹、老师、教练、队友、朋友、邻居,甚至宠物身上。让他开口说"你、他、她还有他们,而不是我",就跟膝跳反应一样。

"狗吃了我的作业。"

"这不公平。"

"她先起的头。"

"他先打我的。"

"老师就是为了整我。"

"教练不会让我上场比赛的。"

"你从没说过这句话。"

 回避自己正在感受的情绪

就像男孩会出于本能责备他人,也会出于本能回避。

"我没事。"

"我没想过这事。"

"我不知道。"

当我们在男孩受伤、失望、失落还有不适时，试图关心他们，以上便是常见的回应。

男孩可能会竭力逃避这些自己正在感受的情绪，经常只是因为他还没有到达第一阶段的三个关键期。如果他不能给自己正在经历的情绪命名，管理情绪，丝毫不知如何应对，他自然会回避这些情绪。

这种模式会以多种方式呈现，==制造干扰、逃避、情绪崩溃、嬉戏娱乐等==。男孩习惯用以上方式处理情绪问题，而家长也只停留在如何避免这种情绪失控的状态。我曾经和两个家长一起交流过。他们坦白在儿子刚出生那一年买了 100 个安抚奶嘴。孩子很难哄。他们生活在对孩子半夜醒来的恐惧之中。他们为了防止孩子午夜崩溃，趁着孩子熟睡时，在他周围放了一圈奶嘴。孩子越长越大，为了完成包围，奶嘴也越买越多。孩子醒的时候，不管朝哪个方向伸手，总能碰到一个奶嘴。

我和无数前来咨询的父母交谈过。他们坦诚自己为了防止上小学的孩子在听到游戏时间结束以后情绪崩溃，便让他们连续玩好几个小时的电子游戏。

我最近试图让一位 10 岁孩子的父母和自己强词夺理的孩子一起草拟一份简短的协议。这个孩子机灵聪慧，在任何情况下都能找到模棱两可的灰色地带，以此和父母讨价还价。我告诉他的父母，这份协议可以明确他们的希望、孩子的责任以及违反约定将产生的后果。在讨论过程中，孩子妈妈坦白："我不知道我是否做得到。我觉得他不会协商而会直接情绪爆炸。"在这种情况下，我们的恐惧和回避其实助长了孩子的恐惧和回避。

 用"否认"模式麻木自我

很多年前，我为这样一个家庭做过咨询：这家的大女儿被诊断出癌症。这家的小儿子陪伴着家人经历了这种可怕的疾病带来的各种手术、治疗还有情绪的变化。与此同时，这个青少年开始尝试酗酒还有大麻。他先是和父母相处不融洽，最后因和一群未成年的朋友一起酗酒，而遭到警方逮捕。

我们在厘清事件发展的先后顺序时，他和我分享了自己被捕前两天发生的事。他妈妈来接他放学（因为他被暂扣了驾照）。他能看出来妈妈在哭泣，他很担忧，但马上启动了逃避模式。他没问妈妈发生了什么，而是戴上耳机，沉浸在音乐中，回家路上看似完全忽视了自己的妈妈。他们把车停在自家车库前时，妈妈提议他摘掉耳机，并对他说："我想让你知道，我们今天见了肿瘤科的医生。他给你姐姐推荐了一种新型疗法。你爸爸和我要离家一趟，爷爷奶奶会来照顾你一段时间。"

他跟我讲的时候停顿了一下,就只是坐着。我问他是什么疗法,他父母去了哪里,去多久。他双眼直勾勾地看着前方,只是说:"我不知道,也不清楚多久。我连她说什么都听不清。她一停下来,我就重新戴上耳机,闭上双眼。"当他妈妈不允许他回避,要求他摘掉耳机听自己说的时候,他就启动了否认机制。他假装这件事没有发生过。

因为他的思绪一直萦绕在对话、妈妈的眼泪、多年来看到自己姐姐光着头出入医院,他需要不停强化"否认"这个模式。酒精和大麻就成了最好的麻醉剂,能让他在否认机制中出入。当他的父母找到儿子和朋友获取大麻的证据和他对质时,儿子也不依不饶,直接启动"责备"机制:"你们喜欢在家里监视我,把我当成犯人来对待,不是吗?"

男孩拥有应对智慧的垫脚石

 在争执和质疑后学会接受

我让这个年轻人给他姐姐写封信。我要求他把自己想对姐姐说的话一字不落地写下来。他在我办公室里坐下来,盯着这张纸,看了很久。我想他应该很好奇我是不是一直在等他写完。

我也确实那么做了。他最后写完了。写的东西让人非常着迷。信件的主要内容是表达歉意，说自己没能成为她心中理想的弟弟。他坦诚，自己不知道从何说起，很担心这种沉默，会被当成冷漠。

我们花费了一些时间探讨责备、回避、否认三种机制的害处。其一，这些机制让我们无法应对情绪。它们起到的作用适得其反——控制我们，而不是被我们控制。其二，这些机制让我们和自己所关心的人疏远。我们耗费巨大的情绪和精神力量推翻一切，剩下的东西完全不够塑造关系。他承认自己投入大量时间消除自己买卖及使用大麻的痕迹。其三，我们承认稀释了生命中美好的东西。我们在多大程度上拒绝感受恐惧还有悲伤，也决定了自己在多大程度上削弱了体验快乐和联结。情绪都来源于同一处。

这就是为何"接受"是一个很重要的垫脚石。我相信只有我们经历一些争执和质疑过后，才能真正接受。我曾经参加过一个男孩的葬礼。这个男孩和慢性疾病斗争一生以后离世。斯科特神父是我的朋友，将"为什么"这一问题描述成神学问题。他说这个男孩充满勇气，能提出"为什么我生来如此""为什么我会得病"这样的问题。

斯科特接着没有将"为什么"定义成怀疑，而是定义成了肯定和接收。

 学会克制，承受延迟满足

男孩拥有应对智慧的第二块垫脚石就是克制。

当今男孩费尽全力才能理解并展现克制的力量。男孩只要换换频道就能找到不计其数的例子证明自己缺乏克制力。有很多职业运动员冲着教练挥拳、教练对着裁判大吼的场面。MTV上有说唱歌手向女性施展魅力的画面。电子游戏能让他进入角色之中，通过暴力展现力量，伤害甚至杀害阻碍自己的人。

几十年前，斯坦福大学的一些科学家参与了一项具有传奇色彩的研究：棉花糖实验。四五岁的孩子坐在房间里的一张桌子前，每人得到一块棉花糖。孩子们被告知如果愿意再等15分钟，就能再得到一块棉花糖，不只是一块。选择很简单，是现在获得一块棉花糖，还是过一会得到两块棉花糖。评估者随后离开房间，只留孩子们盯着棉花糖，等着观察他们的反应。

有些孩子等门一关上就马上吃了那块棉花糖。有些孩子在吃掉棉花糖之前扭扭捏捏、上蹿下跳，试图克制自己。只有少数孩子做到了全程等待。

14年后，再去跟踪这些孩子，那些表现得更加克制的孩子在美国国家大学入学考试中得分更高，药物滥用情况更少，应对压力能力更强，肥胖概率更低，社交技能更强。这些孩子在追求目标的时候也更能承受延迟满足。

随后的 40 年，这些孩子又受到了跟踪调查。那些更加克制的孩子继续在生活中获得更多的成功。职业发展上如此，人际关系上也如此。我们再次发现自己陷入了先天还是后天养成的问题。是的，孩子可能在自我控制和延迟满足方面表现出更高的技能。但如果这一方面很弱，我们可以培养。很多孩子只是需要有人教，才能学会如何将大目标细化成可操作的小目标，才能找到起点来完成看似很吓人的任务。

把情绪管理好再进行理性评判

我读小学的时候，记得有一次消防员们到学校来参加一场集会。他们告诉我们，常见的家庭起火方式，以及如何逃离一个发生火灾的房间。他们介绍了"停下、丢下然后卷起来"（Stop, Drop, and Roll）的三点法则。这三点法则简单押韵，能在人恐慌的时候激活大脑做出反应。

我一直记得这句话。40 年后，还记在心里。当我们脑海里情绪泛滥的时候，我们不能仔细思考。在我们走出这些强烈情绪前，都无法理性地评估场景。我们的儿子们需要"停下、丢下然后卷起来"这三点法则来帮助他们在采取行动之前启动情绪管理。说出自己的情绪，然后找到理解情绪的视角，设想一下他人感受如何，最后利用自己拥有的资源合理处理我曾见过许多的例子。通常男孩们没有理性地判断自己的位置，也无法正确评估情况。

我坚信，社交媒体除了拥有一些显而易见的好处以外，能轻松让青少年远离管理，却无法让其拥有情绪管理和应对智慧的能力。想一想吧，发送动态就是在与世界分享自己当前的经历。在网络空间里上传几个字、一张照片、一段视频，这个世界马上就知道你身在何处，和谁一起，在做什么，在想什么（那一刻）。发布内容并不会鼓励你停下来思考一下世界是否需要那样的信息——这种交流是否有效、恰当，能鼓舞人心、坚定信念或是充满远见。你只管发送、发布就行了。

想一想多少名人、政客、艺人还有运动员收回自己发布的动态，向大家致歉……这还只是新闻里能看到的。

想一下那些公众视野之外的人发布在网上的几百万条想法和动态，那些话语、照片、视频，然后他们后悔要是没有发送过就好了。

各种社交媒体中一系列的沟通方式已经让年轻人只会反应，不会回应了。我曾经给一个年轻人做过咨询。他会在发送东西之前让它在邮箱里待上 24 小时。他要求自己重读信息，如果第二天信息没有错误，他才按下发送键。你能想象自己也这样做吗？

我遵守这样一条规矩，晚上 10 点以后到第二天早上 7 点之前，我不回复任何邮件。我太太说我还没有足够的能力做最好的自己，我把这句话记在心里了。

我曾给一个小学高年级学生做过咨询。我和他一起总结了一个法则。我告诉他这个"停下、丢下然后卷起来"（Stop，Drop and Roll）的法则。他明白，在开口之前，自己需要释放掉一些情绪。对他而言，（Stop，Drop and Roll）这三个词意味着：别说话，伏在地上，然后做 50 个俯卧撑，再看看还能说出什么内容。我觉得这样的练习很棒。这种练习适用于学前儿童也适用于青少年。

男孩们可以先问一下自己开口要说的话是有益的，还是粗俗的；是鼓舞人心的，还是有毁灭性伤害的；是必不可少的，还是自私自利的。这个例子就能证明应对困难的智慧的构建是在情绪管理的条件下生成的。男孩要先拥有情绪管理的能力，才能拥有接受，克制和理性评判的能力。就像我们讨论过的一样，这个过程需要很多年的努力练习。练习不能收获完美，但能带来进步。

女孩先天拥有的应对智慧在慢慢退化

赛西·高夫相信，女孩天生就拥有应对智慧。她们通常比我们想象中的更加富有冒险精神，她们洞察力敏锐、能力非凡、意志坚定。但是，我（梅丽莎）作为一个拥有二十年从业经历的心理咨询师，却坚信现在女孩们拥有的应对困难的智慧已经在慢慢消失。这其中发生了什么呢？什么东西变了？为什么会出现这样的变化？不得不说，和这几个关键期未顺利度过有关，还有很大一部分原因和爱她们的家长有关。

女孩拥有应对智慧的绊脚石

 铺路型父母

每年秋天，我们咨询中心会组织自行车运动的公益活动。

第四章　应对智慧

各个参与家庭要沿着纳切斯小道骑行,为那些经济上不宽裕,无法参加咨询的家庭筹措咨询费用。这个活动很有意义,大家一边能欣赏到秋景,一边还能为自己认为重要的事情筹措资金。在这一天结束的时候,大家聚在一起野餐,庆祝为了筹钱付出的艰辛努力和释放出的满满能量。所有人都如此,除了一个21岁的女孩,我和赛西记得很清楚。

碰巧我那天大多数时间都跟在这个女孩身后。因为那天我在大多数人身后。这个自行车骑行活动的路程每年都在变长,上坡路也越来越多。我有些担心自己的状态,我慢慢骑行,翻越更多上坡,吃更多的糖果,我说的是让我保持体力的燕麦糖。但是这个孩子的母亲所担心的东西却需要另外的东西才能化解……其中有可能是在培养女儿面对困难时的智慧时碰到了挑战。

这个女孩的母亲每个下坡都会开车紧紧跟在她身后。在下一个上坡来临之前,这个母亲会停下车,将女儿的自行车放到卡车上。她们就这样一路开上山。然后母亲会在路边再度停车,把女儿的自行车拿下来。女儿再骑上车,奋力踩着踏板下山。遇到每座山的时候她们都那么做。

你能明白为什么这个女孩最后觉得没有什么值得庆祝的吧。她的母亲和她交流了什么呢?

有一位相似的母亲带着孩子来我们这里咨询焦虑方面的问题。这个小姑娘每周都在和我们的咨询师会面。就这样已经持续几个月了。她患有分离焦虑，只有和自己母亲在一起的时候才觉得最舒服。最开始的时候，没有母亲陪伴，她甚至都不愿意单独进入咨询室。慢慢地，她能接受在自己接受咨询的时候母亲坐在大厅里等候。即便如此，母亲还是会陪她走到门口。这个女孩最近告诉咨询师，自己已经不需要母亲陪着来了。她能自己来了。但是母亲显然对此有不同的看法："她还是需要我跟着去的。""她其实没有准备好。""她只是自己觉得准备好了。"这位母亲和孩子交流了什么内容呢？你们和自己孩子交流什么内容呢？

当今时代，我们都知道"直升机父母"还有"虎妈"这样的概念。这些父母就是我所指的铺路式父母。最近我和自己的表兄布莱尔聊了聊。他是三个孩子的爸爸。他告诉我让孩子付出努力是多么重要。他说："一定要锻炼孩子自己的能力，这样他们才能真的走上自我发展的道路，而不是给他们铺好路就行了。"现在，越来越多的父母都在花费大量时间、精力，甚至金钱给孩子铺路。==比起让孩子拥有良好的品格，他们更愿意让孩子获得触手可及的幸福，但他们自己通常意识不到这一点的问题。==

梅格·梅克（Meg Meeker）是一名儿科医生，也是一位作家。她这样叙述了自己的观点，"如果我们只是教育孩子更需要我们，而不是依靠自己的话，我们就是在为他们未来的失败创设条件。""伟大的父母会找到合适的方式让孩子经历失败，然后再教会孩子人生中最重要的一个道理，你可以失败，但爸爸妈妈会一直爱你。我们会告诉他如何重新站起来再去尝试一次。如果你真的想教会孩子如何取得成功，你就应该教会他们如何战胜失败。"

C.S. 刘易斯曾说过："给予的最佳状态是让接受给予的人不再需要我们的馈赠。"铺路过后还有更多的铺路。接受过铺路的孩子，智谋将会越来越少，他们越来越习惯于依赖，也越来越觉得这样是理所当然的。

 期待更多的情绪特权

我相信世上有两种人：当在前进道路上遇到阻碍的时候，一种人会找到适合自己的办法绕过去，而另一种人则选择停下，在障碍旁边坐下来，选择等待。

如果你的女儿是坐在障碍旁边的人，你觉得她在做什么？是在哭泣，还是在呼喊？是等着你像铺路式的家长那样过来拯救她，为她挪开障碍物？还是会在乱石堆中画画，打发时间，唱着自己最爱的歌曲呢？

　　作为一名咨询师，我最有挫败感的时刻就是看到自己的咨询对象遇到困难时停滞不前。我说的不是那些碰到困难不会变得沮丧的孩子。我说的是那些自己找不到出路却还在苦苦挣扎的孩子。我说的是那些遇到困难的时候表现得很伤心、很生气，但实际上会因为自己这样的状态感到高兴的孩子，因为他们觉得自己可以从不同的视角观察事情。一个高中生曾告诉我，她不想长大，她只想被人理解。

　　心理咨询领域有一条很重要的规则：如果别人不想要，你也不能替那个人要。

　　这也是育儿领域的一条重要法则。当我发现自己比当事的孩子还要关注某件事时，我就知道自己关心过头了，我过分努力了。如果我的日程表和精力占据了我咨询工作的重心的话，对方却不是这样的。我不能比她更关心她自己的事儿，如果我这样做了，她要么会让我承担所有责任，她就不用自己操心了，要么她拒绝操心，只想唱反调而已。

　　"特权"一词可以定义为："一种个体觉得自己天生就值得获得特别对待的主观信念。"我们通常觉得特权与财产相关，并且是真实可感的。向小女孩解释这一概念的时候，我通常会说成"更多"："我要多一点这个，多一点那个，每一样都要多一些。"

情绪特权将这个概念升级了:"我不单单要更多数量,我要你为我付出更多,这样我就可以不用再做了。我有很多要求,但我不希望你对我有任何要求。我拒绝成长,我只想被人理解。我想要随心所欲地坐在自己遇到的障碍旁边,多久都行。那时候我想唱歌,还想画画。也许我还会哭一小会儿。不要试图通过对话开解我,让我自己走出来。也别逼迫我。自然也别对我抱有任何希望。"

 对自己过高的期待

这几年我碰到很多女孩都不堪重负。她们中很多人告诉我,父母对她们期望(特别在学习上)过高。但还有一件让人费解的事情出现了。那些父母到我的办公室里说自己不是逼迫孩子一定要在学业上获得全优的人。自己只是想让她们发挥出最佳的水平。但对于这些孩子来说,最好的水平还远远不够。这些女孩加入了自己的理解,这些理解由此代替了父母的观点。

这些女孩对自己要求过高。我刚刚遇到一个很好的例子。一个女孩在学校拿了 A 等成绩,但因为自己只拿了 94 分而痛哭了几个小时。她们对自己的期望太高。重压之下,经常情绪崩溃。结果面临巨大压力,她们通常自我封闭、焦躁不安。我不能因为想要缓解她们的焦虑情绪就为她们进行心理咨询。因为牺牲上课或是作业时间参加咨询缓解不了她们的焦虑，只会让她们因此而更加焦虑。

你可能已经在自己女儿身上发现这些特征了。她不想上音乐课和艺术课是因为那样会默认她还要学习自己本身不知道的内容。她不想尝试自己目前并不擅长的体育运动。她不能说自己很抱歉。因为这样就承认自己错了。她也不想参与团队运动，因为她不想让其他女孩失望。她什么也不想要，但是同时又希望自己能够事事都完美。她无法完成自己那些不可实现的期待。也正是因为如此，她经常不愿意尝试。她不愿尝试，最后变成一次次哭泣，还会冲你发火，那么，你能怎么帮她呢？

女孩拥有应对智慧的垫脚石

最近我对那些智慧不足、经常深陷困境，又因为完美主义而停滞不前的女孩们做了一些研究。这样的女孩太多了，我想帮帮她们，但又不想超出自己的职能范围。我要怎么办呢？我要怎么帮助女孩提升应对智慧呢？让我们从智慧发展的源头开始，那就是从动机开始。

学会思考

我在研究时发现一种名为动机访谈（motivational interviewing）的咨询方法。这种方法创立于20世纪八九十年代，用于治疗酒精成瘾的人。换言之，这个方法旨在培养自身缺乏动力的人。这一理论研究指的是不同水平的咨询师在指导，或者更确切地说，在激励客户时，所扮演的角色。

"最终，实施动机访谈的人必须承认这一过程需要合作，不要对抗；需要唤醒，不要教育；需要自主，不要权威；需要探索，不要解释。"

这听起来有点像育儿的原则，对不对？作为父母，很显然你需要安慰孩子，向他们解释一些事情，特别是在孩子还小的时候。权威性对成为一个开明智慧、拥有安全感的家长来说特别重要。但事实上，我们对孩子喋喋不休，说得太多，为他们事无巨细，操心得太多。这样，我们就只能成为他们智慧的来源，却没有教会他们如何增加智慧。

阿尔伯特·爱因斯坦曾说过："并不是我聪明，我只是思考这个问题更久了些而已。"他一直在思考这个问题是因为自己没有能从这个问题中解脱出来。让我们教会女孩们思考自己遇到的问题。让我们通过提出一些好问题，来激励她们：

和孩子试一试

"你预期会发生什么?"

"你觉得怎么做才有用?"

"你会怎么处理?"

"你心里觉得如何?"

这些问题能够帮助你的女儿发掘自身动力。这个动机一旦出现,她就需要信心才能将其运用起来。

 学会保护自己的身体和信心

几年前,我遇到一个悲伤又恐惧的女孩米莉。米莉是我们这个社区一所公立高中的高一学生。她因为在自己学校一场足球赛上发生的一件事,来向我寻求帮助。米莉和朋友一起在看台区观赏比赛。米莉想去洗手间,就对朋友说自己一个人去没事。米莉在去洗手间的路上遇到了一个男孩。男孩把米莉推向洗手间旁边的隔离板。他用手掐着米莉的脖子,让她不要乱动,随后便骚扰了她。我第一次见米莉的时候,她只是不停地重复:"我不知如何开口,我感觉自己像是冻住了。我不知道说什么,也不知道怎么办。所以我什么也没做。"

我让米莉的父母做的第一件事就是给孩子报名参加当地警方组织的自我防卫课程。我想让米莉学会自我保护。不光这样,我还想让米莉觉得自己有能力保护自己。

我认为每个女孩成长过程中都应该上一次自我防卫课。最好，你女儿学的这种技能永远也用不上，但这一过程中她收获的勇气的确能让她终身受用。女孩需要学会选择，她们需要学会自我保护，学会独立自主。最近我有一个朋友说她希望自己的母亲告诉"你自己能做到"，而不是"让我来替你做"。我们想让她相信自己有这样的能力。

为你的女儿创造一些机会，提升她的自信心。让她处在某一种特定环境中让她提升自己的体力，坚定自己的决心、独立的品格，增加自己的智慧。她需要积累这样的经验，家长们也需要。

 积累人生经验

今年春天，我感到骄傲。因为我将见证一个年轻人毕业。我有幸认识她，和她交流已经 8 年了。她在我所认识的人中是最有智慧的。她的人生历程也最为坎坷。到目前为止，她得过四次良性脑瘤。我认识她的时候，她处在第三次肿瘤治疗后的恢复期。她一次又一次地经历手术。最近一次，她不得不躺在手术台上，罩着一个坚硬的塑料面罩。这样数千束射线才能指向肿瘤存活的脑部区域。完成手术需要几个小时。在此期间，女孩需要纹丝不动。那时，她才 13 岁。

她妈妈随后向我讲述了女儿来我们咨询中心后的一次对话。她说:"妈妈,你记得我们经常谈论的那趟旅行吗?这种体验就像是来到了明日之星咨询中心,当我讲完我的故事以后就像是获得了一双新鞋子一样开心。"

这个小姑娘的脑瘤并不是故事里最重要的部分。你要问她,她才会告诉你。但她会主动向你讲述自己创立的公益组织如何造福其他孩子时,才会显得更加兴致勃勃。她已经为我们咨询中心还有范德堡儿童医院筹集到了数千美元的善款。她很乐于和你分享自己在医学研讨会上呈现自己研究成果的时刻。事实上,这个女孩向数百位医生分享过自己的研究成果。她真的太棒了。我觉得自己能认识并参与到她的成长过程中,特别值得骄傲。

我不知道她有没有上过自我防卫课程。但我知道她积极主动、自信满满。她不得不这样。虽然她父母没有在成长过程中为她铺好道路,但他们在她成长过程中一路陪伴着她。很显然她经历过人生起落,但是她同时也增长了处事的智慧。

可以想象,如果我在这个小姑娘8岁的时候就问她是否愿意建立一个公益组织,是否愿意在医学研讨会上展示论文的话会发生什么。她会涨红了脸,眼睛会充满泪水。那时候,单单上学就已经让人晕头转向了。她在小学时期最关注的就是失学那么久以后如何维持友谊,那是她那个时期的目标。为了实现这一目标，她进行了很多循序渐进的尝试，这些尝试包括邀请朋友来玩，参与不同场合的活动，巩固彼此的友谊。

接着，学业目标就和人际关系目标融合在一起了。然后，她决定和青少年一起参加志愿活动，并体验到了自己能对他们的生活做出贡献。她在一次学校赞助的跳绳活动中筹集到资金。第二年，她筹集到的资金更多了。几年后，她成了这个活动的学生会主席。她一步步设定好自己的目标。一旦实现了一个目标，就设定下一个目标。现在，她首先就会告诉你，实现每个目标并不意味着100%取得成功。但每次努力后，她都不停尝试，积累经验，夯实基础。

事实上她每次都能收获力量。新的尝试在她每次积累经验的时候都帮助她增强力量，培养希望，提升决心，增长智慧。新的尝试也能这样帮助你的女儿。它也能给它她创造"新鞋子"，不光能给她的生活，也能给你的生活带来改变。与此同时，你还可以见证她使用这双"新鞋子"。

小结

你如何能帮助女儿积累智慧呢？她的目标是什么？你怎么能陪伴她完成呢？她在自我实现的道路上，下一步应该怎么走？后面一步呢？再后来呢？

开始的时候她需要动力，前进的时候她需要自信。她需要迈出第一步，积累经验，拥有智慧。我向你保证，她一定会收获更多。

事实上，你的儿子同样需要这些东西。我是生于20世纪70年代的孩子。因为在写这一章节的时候，有一首歌萦绕在我脑海中。想想圣诞节吧，天寒地冻，遍地是积雪。有一个鼻子很尖、头发又白又长的人站在雪中。他那红红的头发闪闪发光，身穿红色套装。你还记得冬日术士吗？在《圣诞老人来了》里面，他是一个住在山区的可怕老头儿。圣诞老人要过他这一关，才能把礼物送到孩子们手里。圣诞老人告诉年纪很大的冬日术士："把一只脚放在另外一只前面。""很快，你就能穿过这一层地面了。"他还说："走得快的人战无不胜。"

不管男女，只要孩子穿上了"新鞋子"，都能成为脚步很快的人。那些人能体验到拥有智慧的感觉。你要帮助孩子远离责备。问她一些问题，让她收获动力。帮助他们收获自信还有热情，这样他们才能敢于尝试。这一切的开始，只要踏出第一步就可以实现。

拥有应对智慧的家庭练习

1. **讨论**。向你儿子或女儿提出这些激励性的问题:

   你愿意看到什么发生?

   你觉得怎么做会有帮助?

   你想怎么做?

   你的内心有什么建议?

2. **鼓励**。找到一种你能发掘孩子表现出智慧的方式,激励他们提升智谋。
3. **目标**。和孩子一起做出一张目标表。表格可以设计成一条铺满黄色砖头的路,路的尽头标记出孩子的目标。帮助孩子确定实现目标需要几步。
4. **谈话**。进行一次餐桌谈话。让每一个人分享一件过去一个月来最引以为豪的事。
5. **责任感**。构想出一件你正在为孩子做的事情,让孩子自己来做。比如,做午饭、收拾床等。任何新的责任都会促进智慧的形成。
6. **季节**。想出一个季节。给这个季节取名为全家勇敢之夏,或者全家冒险之冬。想想每个人能做点什么让自己更加勇敢?做点什么才是一次有意义的冒险?才能给他人生活带来一些积极的影响?把上面的内容列为这个季节里家庭生活的目标,定期在餐桌会议上回顾一下。

7. **露营**。考虑一下将孩子送去参加过露营活动。夏令营是一个很棒的地方，能让孩子学会很多技能，也能让他们在经历冒险后增长自信和智慧，同时也会收获很多快乐。

8. **搭建项目**。选择那些需要耐力、毅力、问题解决能力还有合作的项目。比如乐高、模型车、拼图、魔方等。

9. **做家务**。研究一直证明，做家务能培养孩子的独立自主能力、责任心还有智慧。

10. **自我对话**。让孩子每次听到自己脑海中的对话时就将其记录下来。帮助他们记录下来他们多久说一次"我真是太蠢了""我做得都不对""我最不擅长_____"这样的话。对比自己负面以及正面对话的数量，能让我们都从中受益，也有助于我们理解自己是如何歪曲真相的。

11. **运动**。青少年体育运动是一项绝佳的形式。它能帮助孩子培养勇气、毅力、智谋、团队精神，还能创造新的纪录等。可以考虑进行一次 1 公里的欢乐跑、5 公里跑、骑车或是家庭徒步旅行等为了筹款而准备的项目。我们可以将训练和参与，同发展智慧与社会服务意识结合起来。

12. **头脑风暴**。头脑风暴一下，找出所有家庭成员都能够使用的活动，好好利用这些活动，实践一下。

自我意识和他人的意识

互惠

责任感

边界感

第二阶段
社交关键期

02

学会提问题是构建所有关系的宝贵技巧，有很多好处，能体现出好奇心还有兴趣所在——这是一种欲望，想要更加了解一个人、一种理念，或者一套观点。同时，也能帮我避免犯错。我不再假设自己已经知道一个人的感受，了解一个人的思想了。我会依次探索，然后做出决定。

第五章　自我意识和他人的意识

在我们开始介绍第二个发展阶段之前，我们想要先介绍一些重要内容。这样你们就不会好奇我们为什么先介绍情绪发展阶段，再介绍社交发展阶段了。如果你觉得编辑是按照内容的英文字母顺序，从 E 到 S 排列这些内容的话，你又想错了。社交发展阶段的构建是在情绪发展阶段的基础之上的。在情绪发展阶段这一部分，我们讨论了情绪如何轻易阻碍理性思维，我们又是如何草率做出反应，却不知如何正确进行回应的。相比反应，回应才是社会交往的关键所在。

优先促进孩子的情绪发展，可能是促进他们社交发展的最好办法。情商较高的孩子（也包括大人），在处理友情问题时也更为成功。回顾一下那个延迟满足的棉花糖实验。那些能够忍耐的孩子，自控能力更好。据他们的父母说，孩子在其他生活指标测试的时候也能获得更高的分数。40年后，他们在个人成长、婚姻关系还有职业发展上也更加成功。

每一种情绪发展和社交发展都根植于对于自我意识和他人的意识中。在明日之星咨询中心，如果我们发现孩子没有朝着社交发展阶段前进，我们可以使用两个呼啦圈进行引导。我们让孩子站在一个呼啦圈中间，我们则站在另一个呼啦圈的中间。这个道具在教授空间、距离还有容量时使用，还能用于介绍社交发展阶段中四个关键期：意识、互惠、责任感以及边界感。

回顾一下在我们在前文中讨论过的那位富有的医生。有一次访谈中，我（大卫·托马斯）正在给他反馈，他就打断了我，开始争论。他逐渐提高了嗓门，站了起来，试图表达自己想法的同时用气势压制我。他站了起来，没有坐着。他在我前面站立的姿势，非常吓人，可他自己对这一切却毫不知情。

显然，如果这位医生参加过呼啦圈活动，知道突破与别人的舒适距离意味着什么的话，情况就会好很多。但这不仅仅是一种社交缺陷，我们还要评估一下他的情绪状态。没错，这个人毫无自我和他人意识（自我意识和他人意识关键期），跨越了边界（边界感关键期），但还有其他因素发挥了作用。

这个聪明绝顶的内科医生在大多数关系中就像一颗手榴弹一样。你不知道什么时候就会引爆他，会造成多大的伤害。尽管他在多所知名大学都拿到了学位，但他的情绪词汇（情绪词汇关键期）水平只相当于一个学龄前儿童。他也缺乏情绪管理能力（情绪管理关键期）。他在我办公室时也缺乏自控能力（情绪管理关键期）。那天我不断尝试想让他思考一下自己对孩子的影响（共情关键期），可结果是我的拉布拉多犬都比他有共情能力。

　　这个医生连把句子说完整都很费劲。几乎找不到正确的回应方式的证据。如果他不喜欢我说的话，他就直接打断我，或者喊得比我还大声。这个人的愤怒和恶意弥漫在所有的关系中。医院里不计其数的护士要求重新排班，想要避开他。他的生意伙伴纷纷撤股。他的太太提出了分居。就连他自己的孩子都央求妈妈不要让他们去爸爸家里过周末。

　　他没有考虑这些失败关系中的共同原因，但在形成BAD（责备、回避还有否认）的道路上越走越远。他太太曾经说自己能用5个手指就数完他说"我很抱歉"的次数。BAD不允许他将这些情绪转换成有智慧的回应（应对智慧关键期）。只要有需要协调的矛盾，他就情绪多变。为了达到自己的目的，他会生闷气、惩罚他人、控制欲变强，会霸凌别人的情绪。这些情绪或者社交发展阶段他一个也没有达到。

　　同样值得注意的是，这个男人在教会担任领导职务。很明显，他表现出来的状态是他好像自己已经达到了一些精神发展阶段。这些就足够他获得权威地位了。但当他开始呈露社会情感发展缺失的缺陷时，他不得不放弃在教会的职位。

这本书开篇先介绍情绪发展阶段，再介绍社交和精神发展阶段也是不想本末倒置。当你观察到自己的子女受到社交困扰的时候，你就应该考虑一下，他们需要锻炼提升一下自己的情绪了。如果他们因为友情受到困扰，那可能是因为缺乏情绪管理能力、共情能力或者应对问题的智慧。很有可能这是多种因素共同作用的结果。我们可能唯一想到的解决方式就是安排更多的游戏玩乐，给孩子报名参加更多的课外活动。但结果往往适得其反，反倒让他们在公共场合时更加挣扎，而没有在安全的家里培养出有用的应对技能。设想一下，这有点像跳过好几个月的艰苦训练、5公里迷你马拉松、每周六长跑等一系列活动，直接就开始跑马拉松一样。

我们也知道，有些家长没有和孩子一起花时间去锻炼解决问题的能力，就急匆匆给老师发去了邮件。家长还没有收集足够多的信息，就急匆匆要求与咨询师会面，讨论一下孩子和同学的冲突如何解决。一旦我们评估过状况，了解完情况后，其实寻求一名校内老师的帮助才是最合理的应对方式。

当我们看到孩子在挣扎受困的时候，需要考虑很多东西，我们就停下来先改善情绪和社交的问题。我曾经为一对母子做过咨询。在第一次咨询的时候，母亲就告诉我自己给儿子读过经文。我这里有很多家长都这么做。这个办法很好，能促进孩子很多精神发展。我在和他们的第三次咨询时见证了这一实践。儿子不同意母亲对于手机问题的处理，母亲就站了起来，喊叫着背了一篇《圣经》第二卷《出埃及记》里的内容给儿子听。然后她才坐下。儿子没有退缩，但却把我吓了个半死。很显然，儿子很熟悉这样的操作，所以他只是扭头看向窗外，翻了一下白眼。我问了母亲是否这就是平时她向儿子讲述经文的样子。母亲点了点头后又说道："当他不听的时候，我只能提高分贝了。"我告诉她这种行为本应该是一种祈祷。可她的做法感觉却像是一种攻击。在随后的咨询中，她儿子站了起来，冲着她吼道："你太不可理喻了。"如同他的妈妈对他大声喊叫一般。

在意识发展上处于落后的男孩

在接下来的内容中,赛西会分享一些有趣的数据,证明女孩子很小就会流露意识痕迹。在这一年龄阶段,男孩子们没有丝毫进展,可是女孩子却会优先发展,想到我们讲的一个笑话:男人如何回应女人提出的这个问题,女人问:"你有没有注意到_____的不同?,比如客厅、我的头发等。"这个经典的笑话突出了男性缺乏意识。

很不幸,我们爱的男孩在这场比赛的开局就处于落后的位置。性别和意识发展对男生来说都很不利。我们进一步探索这究竟意味着什么,我们又能如何帮助他们树立意识,一种关乎自己和他人的意识。这种意识能让他做出回应,而不单单是反应。这种意识也同样能让他管理自己的情绪,收获智慧,以共情的方式给予回应。

男孩的意识绊脚石

 大脑太过关注目标，没有暂停键可用

《从"熊孩子"到男子汉：养育男孩的艺术》（*Wild Things: The Art of Nurturing Boys*）整本书都在探讨男孩的大脑。我（大卫·托马斯）在给家长还有教育从业者讲授男孩发展的时候，一开始总是会说到男孩面临的三重打击：男孩崇尚体力，注意力不集中，经常飘忽游离。我认为男孩常常不思考就采取行动，也解释了他可能通过不同方式让自己的学业和人际关系变得复杂化。

如果一个男孩天生活跃，喜欢运动，那他可能在自然而然就停下、思考、专注、观察和运用意识的方式上有所欠缺，也就和同龄的女孩有所区别。我们会在下文的意识垫脚石部分进行一些讨论，争取总结一些实用措施。男孩需要参加更多的活动和运动也可以理解成他需要更多的物理空间。很多学校教室的课桌都一排排地摆放，紧紧地挨着。这种布局很容易导致孩子踢到或者撞到自己面前的桌子，碰到坐得离自己很近的人，或者干扰甚至惹恼附近的同学。男孩的大脑同样也需要更多工作空间才能分散精力，但这些需求通常都得不到满足，导致很多男孩坐立不安，不能集中注意力，也就无法意识到自己的手势和动作会给这个学习环境里的人造成其他影响。

如果注意力缺失是男孩构造的一部分，那在认知控制方面还存在其他障碍会影响男孩意识的发展。

我记得自己和一个患有多动症的孩子一起搭过乐高。我观察到，这个孩子一只手搭着积木，另一只手却攥住自己的胯部。这是男孩想要上厕所时候使用的肢体语言。

他充满热情，超级专注于自己享受的事情上，这也是多动症的一个表现特征。他在和生理需求进行抗争。我先开口问他："你想停下来先上个厕所吗？"他又弯下身体说道："不用了，谢谢。"他的身体越来越蜷曲，脸上流露出了极度痛苦的表情，但是手却还在搭积木。我接着说："我注意到了，从你脸上的表情和你的肢体语言来看，很显然你需要休息一小会儿。你可以去一下厕所，我去泡一杯咖啡。你不来我不会继续拼的，我们还有很多时间，能继续完成这个乐高。"他同意了，觉得这个计划不错，就马上跑了出去。他从我的办公室里出来后直接冲下楼梯进了男厕所。

我知道他连门都来不及关上。因为我能清楚地看到他释放自我时候的身影。当他冲出男厕所门（厕门大开）的时候，几乎快要把我撞倒在地。还好我在这一切发生之前就先抱住了他，问道："你洗手了吗？"他不假思索地回答道："洗过了，先生，我们继续搭乐高吧。"我知道他撒谎了。因为他的手是干的。我从走廊过来,听到的唯一一段水声是他上厕所的时候发出的,并不是他洗手的声音。他衬衣的边角还悬在拉链外面,我知道他显然也忘了整理衣服。我笑着对他说:"因为你很激动,想马上搭乐高,你忘了关门、洗手,也没有拉上你裤子的拉链。你先做完这些,我们再继续搭吧。"

他立刻完成了上面我说的那些任务。我知道这个男孩并非想要欺骗我。我相信他只是做事之前没有思考。他的大脑太过关注目标,却没有暂停开关可按。注意力存在障碍的时候,这种情况很常见。正因如此,才导致了他上厕所时忘记关门,忘记洗手,也忘记拉上拉链。

 不擅长解读非语言信息

不计其数的研究表明,男孩子不擅长解读非语言符号。例如,印第安纳大学的心理与脑科学系的研究员科琳·法里斯（Coreen Farris）对本科生进行过一项研究。研究显示青年男性无法区分一个女孩只是表现得很友好,还是对友情之外的关系更感兴趣。

很多研究已经证实,女孩更善于利用和解读非言语交流符号。黛博拉·泰南（Deborah Tannen）在自己的著作《听懂另一半》(*You Just Don't Understand*)里,将女性和男性所采用的不同交流风格标记为"支持型谈话"和"报告型谈话"。泰南认为,女性会利用谈话促进联系,维持亲密关系并获取支持。与之相反,男性则通过谈话传递数据,树立形象,建立独立特性。女性彼此站得更近,会利用更多手势,持续使用眼神交流。男人则彼此距离较远,较少使用手势,也避免眼神交流。研究者赞同,他们大概70%~80%的交流都是非语言的。为了解码语言,我们不光需要耳朵,还需要眼睛。女性又一次在这个方面胜出了。

 过于渴望胜利

正如我们在共情关键期谈论过的那样,男孩子天性是崇尚竞争。这种竞争天性在很多场合中能为他们带来好处。但有时也会招致困扰。他们太渴望胜利,太想获得优势地位,不惜一切代价想赢,这些会成为他们意识发展的阻碍。几年前,我在我们的网站上贴出来了一篇关于得克萨斯州高中篮球运动员乔纳森·蒙塔涅(Jonathan Montanez)的文章。我从新闻里了解到了这个年轻人的故事。在赛季最后一场比赛时,身患发育性残疾但热爱篮球运动的球队经理米切尔·马可斯(Mitchell Marcus)受邀上场比赛。教练在最后一分钟给了他一个大惊喜,将他送上赛场。他的队友竭尽全力将球送到他手上。但很遗憾，每一次他拿到球，都没能投中。他在最后一次持球时，意外将球运出边线，于是球权归属对手。回到场内，对手球员乔纳森高喊米切尔的名字，完成了篮球史上一次最让人印象深刻的传球。他将球传给对手。这样米切尔就能再获得一次投篮机会。这个年轻人想赢的意识非常强烈，这样他就在比赛过程中控制住了自己的情绪，也想方设法再去瞄准投篮。

男孩的意识垫脚石

用非语言方式进行提示

和孩子试一试

因为男孩的大脑反应天生就是先采取行动再进行思考的模式，他很难理解非语言交流，更倾向于参与竞争，所以他会从放慢思考的过程中获益。在我（大卫·托马斯）成长过程中，我妈妈非常善于利用提示。她会默不作声，碰一下自己的某个身体部位。如果我张嘴咀嚼食物的话，她会碰一下自己的嘴唇。如果我的手肘垂到了桌子下面，她会碰一下自己的手肘。如果我不小心将脚放在了别人的家具上，她会碰一下自己的脚。如果我说得太多，声音太响，她会碰一下自己的耳朵。如果我忘了喷除臭剂，她会捏一下自己的鼻子。如果我的拉链没有弄好，她会碰一下自己的拉链。

如果我将对话变成一场争执，她会假装给自己的嘴巴拉上拉链。我现在回想起来才意识到，为了强化我的意识，我的妈妈在我成长过程中做了很多触摸肢体的动作。可是我的姐妹们一点也不需要这些提醒。

使用触摸肢体提示的好处就在于不用她不停地在我耳边念叨，就能强化我的意识。所以家长可以对男孩尝试不同类型的提示方法。你也可以在儿子的卧室、浴室还有汽车遮阳板上贴便利贴。张贴在他最需要获得帮助的地方就可以。我们也鼓励家长只用"再试一试"这样的短句去提醒孩子了解自己的行为有多失礼。这样他们也有机会再试一次。如果他们故意重复之前的行为或者话语，那他是有意选择冒犯你，那就应该让他们承担一些后果了。

 用角色扮演去体验

几年前，我太太和我听说儿子好友的父母正在闹离婚。这对夫妇利用了律师、金钱、监护权、情感等一些能够肢解他们婚姻的手段。他们的儿子（我们就叫他安德鲁吧）是我儿子从小到大的好朋友。我听到这个消息的时候也为他和他的兄弟姐妹，还有他的父母感到惋惜。我们和儿子一起花时间聊了一下。

让他明白接下来几个星期和几个月对安德鲁意味着什么。我儿子那时候才 10 岁，他说自己感到很迷惑，不知道怎么和安德鲁相处。他说："爸爸，我怕如果问他感觉如何，或者和他谈到离婚这个话题的时候，他又会想到这件事，然后他会很难过。但我又担心要是自己不问他是什么感受的话，他会觉得我不在乎他。"

这种纠结很普遍。我们面对自己在乎的人之时，也会感到这种紧张的氛围？说得太多不好，说得太少也不好。我和儿子共同应对了这个问题。我先肯定了他能表达出这种紧张的感受是很好的。

然后我建议他练习一下要说什么，才能在这种问得太多或者太少的困境中找到平衡点。我也提醒自己那个直觉敏锐的孩子，如果自己没法确定的话，就可以说："作为好朋友，我不知道现在该怎么做，但我想知道你过得好不好。如果我问得太多了，你一定要让我知道。"我相信，一个人在了解到我们在努力尝试且需要意见以后一定会知道我们很在乎对方。这样对方就不会想当然地认为我们知道怎么做了。

如果对方是蹒跚学步的小孩或者上小学的孩子，我们在去生日会或者赴约玩乐的时候，可以先用角色扮演的方式欢迎一个朋友或者成年人加入。我们可以通过允许男孩扮演这两种角色来提升他的意识。同时我们也锻炼了孩子的共情能力。当青少年不尊重别人的时候,我们可以再给他们一次机会。或者我们还可以转换一下角色,让他们示范一下如何提出请求、协商或者发表一个不同观点。因为男孩是体验型学习者,所以角色扮演是一个宝贵的学习工具。

 身边女性帮男孩理解语言和非语言的社交信息

我知道很多妈妈都会和儿子模拟邀请女孩参加舞会、创造空间的活动,用来增强男孩们的意识,帮助他们了解女孩如何理解语言和非语言交际。我知道爸爸们会明智地进行角色扮演,模拟遇到教练或是老师的场景,或者面试工作还有实习的场景。这些时候,要是一个男孩缺乏意识和智慧去解读非语言线索的话,可能会阻碍自己的努力。

男孩生活中的女性将会对他们提升意识起到重要的作用。当我在教育孩子的时候,我会分享自己双胞胎儿子放学跑去欢迎来接自己回家的妈妈的事。他们很想念妈妈,所以才会跑步穿过屋子,才会想要抱住她(自然是爱意满满的状态)。我们曾将其称呼为"爱的攻击"。蹒跚学步的孩子还有小学低年级学生并不是生来就知道,女孩其实不喜欢男孩子对她们动手动脚,而男孩天生就把这种行为当作表达爱意的方式。他可能定期会对自己的妈妈、姐妹、祖母，甚至是班上的女生这样做。因为他在这方面不能很好地区别，所以就需要有人来指导他们。

中学男生需要有人教他们，女孩子不会因为打嗝或者放屁就觉得好玩，相反她们会觉得受到了冒犯。我们将建议男孩子们停止谈论自己，要向对方提问，表示关心。妈妈还有姐妹们在帮助男孩子培养这一意识上发挥了基础性作用。

我已经听到过无数个这样的故事，女孩们为了不被别人指责不整洁会在约会前冲个澡、洗个头。我也有听到过女朋友抱怨自己的男朋友去教堂的时候衣着邋遢，周末的时候不能穿运动鞋等。

我还能清晰地记得自己和妈妈一起参加高中毕业舞会彩排的场景——为舞伴们打开车门，拉出椅子，拍照之前和舞伴的父母打招呼。我也记得自己和妈妈一起彩排时如何感谢朋友的父母让我们在她们家玩一整天。我妈妈也会很明智地告诉我自己花了多少时间准备餐食。她会要求我找到朋友的母亲，感谢她为我准备了美味佳肴。我曾经对这样的行为嗤之以鼻，觉得自己会尴尬。但也正是这样的举动才让我成年后在别人家里，知道如何举止得体。

女孩

女孩天生拥有意识

女孩天性心思细腻。她们比我们想象中的更会观察、倾听、吸收。研究显示,从婴儿时代开始,女孩更容易受到人脸的吸引,而男孩则更容易受到移动物体的吸引,比如汽车等。

相同年龄的小女孩大脑中的枕叶比小男孩的发展得要成熟,这样有助于她吸收更多的感官信息。例如声音、符号还有气味等。仅仅出生一个星期的时候,小女孩就能区分其他婴儿的哭声。相比男孩,她们获得区分背景声音和人类声音的能力更早。研究人员发现,她们在四个月大的时候就能分辨照片里的家庭成员了。她们很明白自己周边发生的事情。她们通过那种意识吸收数据,为自己的早期发展奠定基础。在《养育女孩》(Raising Girls)这本书中,梅丽莎和我(赛西·高夫)详细描述

了女孩如何通过对自己来说最有意义的环境来定义自己。==意识对女孩来说非常基础，而关系对于女孩来说也非常基础。==

因为女孩天生就有意识，关系也是她们身份认同的基础。==我相信女孩内心就有取悦他人的机制，而这一切都是由父母开始的。女儿作为小姑娘，只是想让你高兴。她冲你笑，给你画画，和你建立联系，只是想让你对她感到满意。她同样也想让你不要对她感到失望，她通过观察你眼中自己的形象来定义自己。==

想要取悦他人的欲望为我和很多家长的谈话奠定好了基础。那些家长的宝贝都只是蹒跚学步的孩童。"只要我们一说'不'，我的孩子就情绪崩溃。她马上就大喊大叫，放声大哭，失去自我控制，而我也耐心全无。我已经筋疲力尽了，不知道怎么做才好。"

我在给女孩提供咨询 24 年后的第一反应是，希望更加深入地了解这些女孩。

"再告诉我一点你女儿的信息吧。她会担心吗？她会执着于不同的恐惧还有行为吗？她如果碰到了衣服上面有吊牌，或者袜子开线了，她会怎么办呢？她爆发过后会泪流满面然后懊悔不已吗？她能自己控制愤怒吗？"然后我会问得更加私人一些："多和我说说你的家族历史吧。你的父母是什么样的人？兄弟姐妹呢？你自己的婚姻状况如何？"

我相信女孩还是想要取悦自己的父母。她们天生充满意识，她们依赖关系。我没有碰到过表现叛逆的女孩天生就很叛逆的。

现在你也知道任何规则都有例外。也有一些女孩就是意志力坚强，想要挑战一下父母的极限和耐心。她们知道怎么做，也知道做什么。实际上她们内心还是很有意识的。事实上，不光是有意识，她们在掌控全局。我要为这些女孩，或者说为那些家长们推荐另外一本书《爱与理智》(*Parenting with Love and Logic*)。

相比之下，我每周都和女孩的家长们交流一次，所获得的发现更多。那些女孩会因为生气而爆发，随后又陷入深深的自责之中。她们似乎自控力并不好。事实上，她们经常说："我恨我自己。"她们不想发怒，也不想情绪崩溃。她们还是想要取悦你。她们自己也很悲惨，因为觉得自己让父母失望了。在那些时刻里，有些东西是比她们的意识更加强烈的东西。有些更加深刻的东西阻碍了她们表现出她们出生的时候就拥有的意识。

女孩的意识绊脚石

 对社交提示信号的理解缺失

最近找我进行咨询的一对父母,在深入和我交流以后告诉我他们的婚姻已经在濒临崩溃了。"你知道的,婚姻也有起伏好坏,"妻子这么说,"我们的关系肯定是处于伏的那个阶段。"丈夫回应道:"对呀,一路向下的那种。"他继续说道,发出的声音就跟直升机慢慢坠落然后坠毁时候的噪音一样,"女儿听到了我们之间很多次大声争吵。"

当然,他们的女儿也在宣泄情绪。有些小姑娘就和温度计一样,能够真实反映家里的情况,她们心里清楚,可是她们并不知道如何处理混乱的情绪。于是,混乱就侵占了意识。女孩通过宣泄情绪来表达自己。

我也碰到过另一个女孩的家长。他的女儿几个星期里只愿意穿裙子。"她讨厌裤子,她说裤子的缝线会让她抓狂。她也无法忍受那些衣服。衣服的标签太粗糙了,会让她的脖子不舒服。她每天早晨都会哭,都要和我因为穿衣问题发生争执。"这个小姑娘患有情绪处理障碍。她被某些微小的感觉冲昏了头脑。那些在身体上让你我不舒服的东西,对她来说是不可忍受的。她那高度敏感的感官感受侵占了她的意识。

另外一对父母告诉我,她们的女儿只要一觉得事情不公平就会发火。她的兄弟得到了一个奖励,而她自己没有,她就会很焦虑,而且她会一直揪着这个事情不放。事实上,她在情感上始终不能放过自己。我们越是谈论这些内容,越是能够辨认出她担心的事情,然后她会更加执着于这些事情。当然,大多数女孩会因为公平问题感到担忧。但是我相信,这个小姑娘却因为焦虑而挣扎。如果一个人很焦虑的话,那就证明她无法破除焦虑的困扰。其他小孩即使碰到了一样的困境也能轻而易举地就向前走,可是她们却被困在了原地。我告诉女孩的父母这就像是单圈的过山车一样。有的孩子一直担心某个情况的出现,然后反而会一遍又一遍地经历这种情况。

我还碰到一个家长很担心自己孩子的社交生活。"没有人邀请她参加游戏聚会。她听到其他小姑娘说起过夜聚会,但她没有接到邀请。我也试图观察到底她和其他小朋友在一起的时候发生了什么,但是我真的分辨不出来。我注意到有时候她讲话比别人要大声一些。有时候,明明不好笑,她却放声大笑。她好像缺失了什么东西。"我把这个姑娘领进办公室,然后很快就明白了。她父母的判断没有错。她缺失了理解正常的社交提示。

女孩越来越年长的时候,会发展出我所称的亚语言。很明显，女孩使用词语进行交流。但她们也依赖非言语交际——任何事情，都从动眼珠到抚摸头发来传达她们的意图。有些女孩就是不太能够识别其他女孩的亚语言。注意缺陷多动障碍通常会让女孩漏掉一些社交提示。她们通常会遗漏一些细节。而正是这些细节才让女孩们得以正常交流。她们讲话声音太大，她们说的笑话一般效果也不好。她们太过庞大，不能在其他女生给定的狭窄空间内施展自我。那些女孩有时候就会放弃，选择在休息的时候和男孩一起踢球，也不愿意再和其他女生建立联系。因为这样看起来更加容易。她们因为缺乏注意力才阻碍了自己的意识形成，也让她们在社交上饱受挣扎的痛苦，而这种情况在她们长大以后只会加剧。

我和另外一位家长交流过。她的女儿缺乏社交意识，但是她自己却并不知道。我觉得她很欢乐，但是她却在处理同龄人关系的时候饱受挣扎。上个暑假，她第一次参加我们在霍普顿的夏令营。有一天早上，我们正在进行一个角色扮演游戏，想要体验一下拥有好朋友和坏朋友是什么样的体验。我们咨询师要扮演两边的角色。"坏"朋友不停提出一些想法。这些想法不但很淘气，而且会对营地产生破坏效果。其中一个主意是趁着我出去的时候，在我的床上放青蛙还有蛇。当咨询师建议这么做的时候，一个小姑娘在房间里站出来了，说道："我们不能把爬行动物还有两栖动物放在赛西床上。"我当然很喜欢这样的表达。但是她的朋友们却大吃一惊。她遗漏了某些社交提示。实际上这个小姑娘患有自闭症。

她妈妈很担心女儿缺乏社交意识。尽管出于各种不同的原因才导致遗漏信息,她也同样需要一些意识来建立自己和其他女孩的友谊。

如果上面的表述对你而言似曾相识,那你可能就要进一步挖掘一下。我看到一个小姑娘在意识方面饱受挣扎,通常会尝试着做一些事情。我会让她的家长尝试一下我们在情绪管理那一关键期中谈论过的一些自我管理的方法。我会让女孩们都看一下《美国女孩》(American Girl)系列,还有《人性的弱点(儿童版)》(How to Win Friends and Influence People for Kids)。基本上,我们希望给女孩创造机会让她们能够发展自我意识。我们想要看看她们自己能有多少控制力。如果她们在构建家人和朋友意识上一再遇到困难,那我就建议她们寻求专业人士的帮助。给咨询师打个电话咨询一下。我经常建议父母带自己的孩子参加一些心理测试。这样能够排除一些更加深层的隐患问题,如焦虑、注意缺陷多动障碍等一系列其他阻碍孩子身心发展的绊脚石。

有些小女孩没有办法自己形成对他人而言非常自然的意

识。通常这种意识出于各种原因被占用了。这种占用会影响她们的关系，不光和你，还有和她们同龄人的关系。意识是关系的基础。而关系对你的女儿来说又是基础。当她面临挣扎的时候，我们很有必要深入挖掘。试图真正理解你的女儿，会让你同情自己的孩子，而不是觉得她没有尽力尝试而感到筋疲力尽。

 某一阶段对他人消散的意识

对于中学女生来说，意识是一个特别具有挑战性的概念。在《养育女儿》（*Raising Girls*）这本书里，我们把这种情况称为"近视现象（Nearsightedness）"。这些年，她们失去了对眼前事物的意识，也就是除她们自己之外的东西，她们选择视而不见。她们非常自恋，几乎不会想到别人。主要是因为她们脑子里全是别人对自己的看法。这也确实是她们成长过程中很正常的一部分。

我正在给一个六年级的女孩做咨询。她最近和自己童年时期最好的朋友绝交了。这两个女孩一起参加过很多个过夜聚会，数不清的家庭旅行，甚至在不同场合都假装是亲姐妹。然而她们年纪越来越大以后，也越来越不同了。另一个女孩在社交上越来越挣扎。她的认知能力很强，但是意识却不是很强。我正在咨询的这个女生意识却很强烈。她能感受到自己幼年时代好友会给自己在社交时候的受欢迎程度带来负面的影响。"我不能再和她坐着一起吃午饭了。别人觉得她很奇怪。我要是和她做朋友，别人也会觉得我很奇怪的。"

我可以告诉你很多个这样的例子。那些在学校里敢于为不幸的人出头的人现在也不那么勇猛了。那些在小学时代对他人表现出巨大同情心的孩子也因为不合群被请进了校长办公室谈心。她们也就慢慢丧失了意识。她们心里对他人的意识逐渐被对于自己的意识所占据了。中学时代总是和钱财相关。他们看重的是要变得很酷，不管做什么都要表现出酷酷的感觉。你要看起来很酷，要融入，但不要太突出，要随大流。从某种意义上说，大家都很挣扎。在追寻社交地位还有受欢迎程度上来看，无一幸免。

只是她们在一个相对确定的领域进行一些小小的挣扎——可能只是针对一些特定的人，例如，她们的朋友。有一个母亲告诉我她非常兴奋。她能在半夜的时候起来，载着女儿去一个朋友家里。那个朋友刚告诉她自己的父母离婚了。"本来这个时候我是不愿意起床再开车去任何一个地方的，但是我的女儿突然间有了一个共情时刻。为了见证这个共情时刻的出现，我愿意做任何事情。"

你的女儿会慢慢恢复对他人的意识的。中学期间，她会和自己的同龄人一起体验很多意识觉醒的时刻。但是对你而言，她现在看起来会是毫无意识的，但是她会回来的。当她重新出现的时候，又是那个你所了解并且关爱的充满共情能力的女孩。在那些看起来酷酷的，又融进群体的表象下面，拨开青少年特有的焦虑，她的意识还埋藏在下面。请一定要坚持住。我所遇到的最自觉且有意识的女孩和我分享了自己在中学时期是如何一点点"消散"的意识。现在她能和妈妈一起欢笑是因为她终于意识到了那时候的自己一无所知。

 沉迷于虚拟世界，丧失了与现实世界的联系

加州大学洛杉矶分校的一项研究显示，那些一周里有五天不看电子设备的六年级学生辨认他人脸部情绪的能力更强。对于所有年龄段的孩子来说，电子设备是通往意识路上的一块显而易见的绊脚石。

我们都知道原因所在。孩子们沉迷虚拟世界的时间太长，他们就丧失了与现实世界联系的能力。他们打字多过讲话，他们不能区分词汇背后所蕴含的情绪还有意义。因为这些只是冷冰冰地出现在屏幕上的词语。他们无法解读面部表情是因为他们没有见过人的面部表情。他们错过了"你好""你过得怎样"还有一些其他的社交语言，取而代之的是表情符号还有缩写。言语表达太费力气了，更别提礼貌了。

还有社交媒体。社交媒体上几乎没有任何东西谈及意识。社交媒体上将中学时代最自恋的我们都唤醒了。他们就像是在出演一部喜剧一样。如果仔细想一想，我们也是这样的。社交媒体用户向世界呈现得更多的是一场表演，而不是一种真实的关系。他们更多的是在竞争而不是在进行联系。全都是关乎各种点赞，最爱的内容和最新潮的生活方式都是为了吸引更多观众，而不是想要和社群建立联系。事实上，现在的孩子已经习惯了"观众"这个概念，甚至认为这就是他们自己的社群。他们丧失了意识。我们的责任就是填补这个巨大的空缺，通过关系重构他们原有的意识。

女孩的意识垫脚石

几年来，娜塔莉来霍普顿营地想要改进自己社交方面的问题，她患有社交障碍，很难交到朋友、维持友谊。她所面临的很多难题都源于缺乏意识。万幸的是，娜塔莉的父母知道这一点。他们一起努力帮助她构建社交提示，做出合理回应。过去，当其他女孩谈论友谊的时候，娜塔莉谈论的是游戏。如果话题转换得快一些,她就会沉默不语。即使她知道自己要说什么,她也找不到合适的时机表达,更何况她不知道自己要说什么。刚刚过去的这个夏天,娜塔莉终于突破了自我。营地里有一个女孩告诉大家她妈妈去世了,女孩们就像往常那样,张开双臂拍拍那个姑娘的肩膀。有一些女孩过去拥抱了那个女孩一下。她们低声耳语,传递相互鼓励和安慰的信息。娜塔莉看着这个姑娘,非常紧张,然后靠近她,说道:"我很抱歉,我知道那一定很难受。"

当娜塔莉的父母来接孩子回去的时候,我们和他们分享了这个情况。他们激动不已,妈妈的泪水充满了眼眶。虽然听起来只是一件稀松平常的小事,但对娜塔莉来说,这是一个了不起的进步。她能接收到朋友的社交信息,然后做出恰当又富有共情的回应。社交技能可以通过学习获得。那些或是因为更加深层的原因或处在某个发展阶段而深受困扰的女孩,还是能够形成并发展出意识的。

 家长的示范

我(赛西·高夫)在今年夏天做了一件很棒的事。我驾驶了营地的划水船,也教了所有年龄的孩子如何滑水。当我开着载满孩子的船到水面中央去学习的时候,我经常让已经有经验的滑水者先开始。我坚信，如果你看到别人滑过水，那学起来就容易很多。大部分的运动、绘画，甚至音乐课程都是这样的。

我们先观察自己的老师，然后模仿他们移动手指或者挥拍的姿势。你的孩子则模仿你的行为。你是他们在各个方面的第一位老师，这当然也包括意识在内。

我记得有一个高中女生告诉我她的父亲想要教她餐桌礼仪。他注意到了自己的女儿把手肘放在桌子上。然后他向下摸了一下，捡起自己的领带，把上面的番茄酱舔掉。为了教别人形成意识，我们首先要自己做一遍。这听起来显而易见。但听到很多父亲担心自己女儿的交友情况时，我还是很吃惊。然后我还遇到了一个家长，他不想对别人付出善意，却希望别人对自己友善。

你的女儿是如何对待别人的？
如何对待服务员的？
如何对待银行工作人员的？
如何对待你的丈夫的？
你自己注意到社交提示了吗？
你自己能合理回应吗？
你会回应吗？

| 自己试一试 |

第五章 自我意识和他人的意识

你一定要记得,你是自己女儿的第一位也是最重要的老师。当你告诉她说要"看着别人的眼睛"时,当你教她如何和别人交谈时,请保证你自己先看着她的眼睛,请确保你正在找寻她的眼神。她渴望你意识到自己是她的老师。当你做到这点的时候,你不单单是在她身上投资,你也教会了她了解并且关爱他人的常识。

 找机会就积累经验

就像学滑水需要先看别人滑水一样,她们也需要经验。事实上,她们需要很多经验。你的女儿需要积累经验才能形成意识。她需要像个孩子一样去玩耍。她需要和你一起玩耍。她需要你和她一起躺在地板上,一起玩洋娃娃,一起上学。在她还小的时候,她的想象力会支配她大部分的玩耍。有时候看起来这些都挺蠢笨的,但是通过那些玩耍她能学习。她通过表演,体会到了当教师的感觉。她在和自己的学生"交流"。作为她的"学生",你可以把玩耍当成一个机会,让她感受意义,向她提问,给她点耐心和善意,让她有机会回应。

你也可以让她和其他小朋友约定好游玩日程,给她机会和别人建立联结。她这么做的时候,请你观察着。如果她错过了某个社交提示,稍后可以帮她一起回顾。你可以设置一个角色扮演的游戏，所以她知道自己的行为和言语会影响其他人。邀请其他孩子来你家里，可以邀请某个孩子单独来或者邀请一群人。三个人一起来总是相对来说比较困难的，但是她也能从中学到更多东西，经历更大的挑战和考验。即便你没有在一旁观察，她也能在游戏中学习到意识。

随着她年龄越来越大，她还需要经验。实际上，她在中学期间会需要很多经验。我相信每个中学女生都会参加一些小团体。她需要参加一个安全的小组。组员都能接纳她，并且告诉她生活的真理。青年小组通常是个非常好的选择，运动小组也可以。青年小组里的成员，相比我们更容易听见同龄人的声音和意见。我每天都能在小组咨询的时候发现这种现象。这也就是我们在咨询中心设定小组咨询的意义。我们想要孩子听真话，更想让大家有机会说真话。

她们也需要没有电子设备的经历。她们需要花费一些时间和家里人建立联系，而不是只通过冷冰冰的手机屏幕看着家人的照片。你需要在家里设定一个不使用手机的区域，比如说用餐区。在有朋友来参加睡衣聚会的时候，可以创造一个不使用电子设备的聚会。我知道很多家庭都在门口挂起篮子，这样孩子们在进屋之前就自动把电子设备放在那里。孩子们可能会翻白眼，但是长远看来，他们会很高兴，有这个机会进行

和孩子试一试

第五章　自我意识和他人的意识

社交。

所有女孩，无论大小，不管她们有多成熟，都需要经验才能形成意识。经验就等同于练习。就像大卫经常说的那样，练习不一定能达到完美，但总能带来进步。

 养只宠物

这几年里，我已经听过很多父母的评价和反馈。他们很感激我帮助了他们的家庭。但我最爱的评论是一位家长说："我们给自己的女儿买了条小狗，全都是因为你。"好吧，猫咪也很不错呀，或者宠物猪也行，但是鱼可能不太行。但是你的女儿天生就有养育的能力。她脑子里分泌的后叶催产素天生就比小男孩要多一些。后叶催产素可以促进荷尔蒙生成，所以她天生就是一个养育者，她需要有个东西去养育。那个养育过程会帮助她建立意识。

我相信，宠物能给一个小女孩带来很多东西（它们也能给小男孩带来很多东西）。宠物能教会孩子责任意识。小狗需要进食或者出去的时候，你的孩子能够注意到宠物发出的信号。她能带着宠物去散步。她当然不会只对你的宠物负责——特别是在那些她还很自恋的年月里。或者你的小狗可能一个星期得不到喂养，如果她非常热衷交际的话。但是她还是能够帮忙的。

她能体验一下除了自己以外,照顾别人、意识到别人的存在是什么样的。

当我说宠物的时候,我指的就是狗。我带着自己的第一条狗诺艾尔来办公室,只是因为家里在装修,我很担心它可能会被误放出去。那天,一个女孩伤心欲绝,想要结束自己的生命。所以我就不得不告诉她妈妈,应该带孩子去看心理医生。她妈妈来的时候,我把小女孩一个人留在办公室里,然后去和她妈妈交代情况。我那么做以后,我的狗诺艾尔马上就跳上了这个女孩的大腿,然后舔掉了她脸上的泪水。她知道,宠物也知道。他们很自然地拥有意识。

作为补充,宠物也能无条件给女孩关爱。我相信每个女孩都需要成长。她在将来几年中会经历很多次挫折。

当她从学校回家的时候,她需要有心爱的宠物能够冲到门口,摇着尾巴(不管是猫咪还是宠物猪),确实会让她觉得自己是这个世界上最重要的人。宠物会构建起关系。它们也能帮忙树立信心,还能在你女儿的生命里增加很多爱。它们能给她创造很大的机会去关心他人还有接受照顾,而这种方式真的能够建立起意识,也能影响到其他人的生活。

小结

在范德堡大学进行的一项研究中,研究者调查了 8000 名小学教师,收集了 20 年来关于社交技能及其与学业成功之间关系的研究数据,我们从这项研究中总结了孩子们在学校取得成功的 10 项最重要的社交技能。它们分别是:

倾听他人

遵循步骤

遵守规则

忽视干扰

寻求帮助

轮流发言

友好相处

平和待人

对自己的行为负责

为他人做一些好事

上面的每项技能都需要意识。很多技能都是以"其他人"结尾的,至少需要一些牺牲和奉献精神。是因为双方都培养了社交技能,所以对方才能倾听、遵守还有询问,也因此双方才能建立联系。我们想要自己的孩子意识到这一点,这样他们才能轮流实践。

  这样他们也才能够向外寻求帮助,向内建立联系。他们不仅能够成为品学兼优的学生,还能成为更好的同事、朋友、配偶还有父母。意识是我们开始一切的起点。我们从意识这个基础开始,朝着共同的关系前进,或者我们可以称呼其为互惠关系。

构建自我和他人意识的家庭练习

1. **角色扮演**。让孩子们从校园场景里进行选择,交换扮演角色。创造一个场景,让他们能够意识到自己的行为和言语在社交中的重要性。
2. **玩耍**。通过使用呼啦圈或者吹泡泡规范一下边界。如果你距离他人太近,泡泡就破了。"泡泡"可以用来形容你的孩子和人讲话的时候,站的距离。
3. **暗示**。如果你的孩子在某个社交技能上遇到困难,你可以想一个秘密提示词。如果事情发生的时候,有朋友在场,你可以在不引起他人注意的情况下利用这个提示,又不至于制造出额外的障碍。
4. **练习讲笑话**。很多小孩子想要变得幽默却不知道怎么做才好。教他们了解听众,特别要注意掌握时间。一起阅读笑话,然后讲给彼此听。
5. **观察图片**。和孩子一起翻阅杂志,询问一下他/她的感受。当他们错过标记的时候,提出一些更具体的问题:"注意一下图中人物表情中额头的抬头纹。你觉着这是什么意思?"
6. **利用书籍和电影**。当你和孩子一起看图画书,或者和青少年一起看电影的时候,暂停一下,解读一下角色的面部表情还有肢体语言。根据观察,预测角色下一步的行为。

7. **观察**。当坐在机场、餐馆、商场的时候，指定一个陌生人，要求你的儿子或女儿根据自己的观察而不是道听途说的信息，创作一个故事。"我觉得那个人很沮丧，他等餐时间太久，我预测他可能会吼服务员，虽然这并不是服务员的错。"
8. **侦探游戏**。还记得电子产品来临之前，我们每个人都在路上玩的那个游戏吗？利用这个游戏，让孩子们辨认一些_____的人。
9. **默默支持**。和孩子一起玩一个游戏。目标是不用语言来鼓励孩子。孩子喜欢接受挑战去发觉表情还有手势等这些非语言的交流手段（拍拍某人的后背，给他们树一个大拇指，眨眨眼睛等）。
10. **录像**。教练要求球员看比赛回放，目的之一就是学习——反思错误，思考新计策。在孩子身上也可以这样做。我们可以在他们玩游戏、进行美术创作或者表演的时候拍摄视频，然后分享给他们。

第六章　互惠

　　学会提问题是构建所有关系的宝贵技巧，有很多好处，能体现出好奇心还有兴趣所在——这是一种欲望，想要更加了解一个人、一种理念，或者一套观点。同时，也能帮我避免犯错。我不再假设自己已经知道一个人的感受，了解一个人的思想了。我会依次探索，然后做出决定。提问能给之后练习共情打下基础，帮助我们拥有了解他人的更好经验。

　　提问也是对抗过分关注自我的一种途径。提问他人能让我停止谈论自己，并且表达对他人的关注。这就是互惠关系形成的基础——理解关系中的双方是如何给予和得到的。问题有助于促进对话的来回交替进行。

　　这种提问练习对于还在蹒跚学步的儿童和处于青春期的孩子来说最为困难。孩子在这些时期非常关注自我。他们自然而然地会想到自己。小学生更有能力关注他人，然后做出回应。性情的变化当然和发展阶段的更替一样会对孩子产生重要影响。就像我们在其他关键期里讨论过的那样，比起同龄人，有些孩子更加无私。他们练习起互惠能力也会更加自觉。但我还是想要重申一下，对于那些不擅长这一领域的孩子来说，当他们处在青春期只关注自我的阶段时，也同样能够锻炼这种能力。

男孩需要持续练习互惠能力

作为男性,我特别关注儿子们是如何在这个关键期健康发展的。我已经记不清自己有多少次在用餐的时候提醒他们:"问候一下你妈妈,她今天过得怎么样。"他们的询问单调乏味得像白开水一样,说:"你今天过得怎么样,妈妈?"我又无数次地提醒他们:"再问一遍,让她能感受到你们语气里的真切关怀。"这样我就提醒了他们要关注语气、动作和眼神交流。通常他们再试一次以后就能变得更好了。

好多年前的一个工作日,我太太打来了电话。她开口说:"我要告诉你,你儿子今天的所作所为。"我做好了心理建设,打算迎接坏消息。他们毕竟是我自己的儿子,我认为我还是了解他们的。但我太太今天向我投来的是一个转弯球。她带来了一个好消息。她说我的其中一个儿子,放学以后去了妈妈所在的教室,把书包放在她前面的桌子上,靠近她,问出了这个问

题:"妈妈,今天你过得怎么样?"这是第一次从他嘴里说出这样的话,而接下来的话和要零花钱没有任何关系。那一天我们真的就像获得金牌一样开心。在没人提醒的前提下,他自己主动关注他人。为了这一天,我们也就练习了8年而已。

让我再来提醒各位家长一下,我们所说的朝着这个关键期前进的意义是什么。即使我们找不到确凿的证据证明他们在建立联系,我们也要持续不断练习。一定要记得,练习会让人进步。

我也要指出,他的双胞胎兄弟比他早几年就掌握了这种能力。他不仅不用别人提醒就能问出这样的话,他还能顺便再问一下妈妈前几天聊过的内容,比如:"妈妈,你在范德堡开的那个会,感觉怎么样?"他们都是男孩,在同一个家里长大,也在同一张桌子上吃饭。他们花费了同样的时间去练习。但是其中一个在朝着社交发展阶段前进的路上领先了一些,但在其他如身体和认知方面的发展上却要落后于兄弟一些。每个孩子都有自己的成长节奏。有些孩子需要更多的时间才能到达关键期——经历一个更长的成长期,有些则只需要多一些练习就好。

男孩的互惠绊脚石

 缺乏互惠意识

我记得多年前,自己坐在电影院里,观看《社交网络》这部电影的开场。这是一部讲述脸书(Facebook)创始人马克·扎克伯格故事的自传电影。电影的开场,19 岁的马克正在和一个叫艾瑞卡的女孩约会,他就坐在她对面,努力引起女孩和他聊天的兴趣。我们很难判断他到底是在自言自语还是在和她说话。相比对话,这更像一个独白。

电影里的马克表现得很强势,总是想纠正别人,傲慢无礼,总是无端指责他人,更重要的是,他自己对这一切全然不知。

女孩试图和他聊天,但是她筋疲力尽,也倍感受伤。她说:"太让人筋疲力尽了。和你约会就像跟一个健身器材约会一样无趣。"而他的戒备心越来越强,怒火越来越大。最后,女孩握住马克的手,看着他的眼睛,温柔地说:"可能你在计算机领域会大获成功。但可能,你这辈子都会觉得自己因为书生气很重,所以女孩不喜欢你。我真心诚意想让你知道,事实不是这样的。你将孤独终老,因为你是个混蛋。"

说完这些话,她就起身离开了桌子。我们知道后面发生了什么。扎克伯格回到哈佛的宿舍,写了一条博客,辱骂艾瑞卡,创建了一个名为 Facesmash 的网站，入侵了学校数据库，盗取女同学的照片，再允许网站浏览者按照美貌程度进行打分。网站的成功让扎克伯格引起了三个高年级同学的注意。他们邀请扎克伯格到哈佛关系网（Harvard Connect）工作。这是一个给哈佛学生约会提供服务的社交媒体。这些奇思妙想还有对人际关系的需求共同催生了现在我们知道的网站——脸书。在网站运营的过程中，他们不断地遭遇诉讼。虽然马克·扎克伯格成了有史以来最年轻的亿万富翁但是和原来创业伙伴之前建立起来的关系也荡然无存。

这个场景让我想起另一个著名的亿万富翁史蒂夫·乔布斯。沃尔特·艾萨克森（Walter Isaacson）写的那本《乔布斯传》给同名电影打下了良好的基础。这部电影记录了乔布斯 14 年的生活。其间乔布斯成功地参与发布了三款产品，但生活中，多年来他一直否认自己女儿的存在。

在一个重要场景里，乔布斯和自己的好朋友兼营销执行官乔安娜·霍夫曼发生了一次争执。她为了说服乔布斯抚养女儿，甚至威胁乔布斯不再为他工作。乔布斯对此很震惊，问她到底哪里不对了。

乔安娜回应道："这 19 年我到底哪里做得不对了？我是这件事情的目击者，也是同谋。你知道我爱你有多深。我爱你是因为你从不在意一个人赚多少钱，你最看重的是一个人能做什么贡献，但你的贡献并不是你最好的一面。本以为你做父亲的时候，那才是你最好的一面，而事实却是你最坏的一面。我为此痛苦了 19 年。"

她在唤醒乔布斯的意识。她在唤醒新的关系，原来他否认女儿的存在，直到法庭裁决下来才很不情愿地承认，19 年来是有条件地给予女儿父爱。从互惠角度看，他不是一个好父亲。

这部电影从时间这一维度上记录了这位天才给科技领域带来一项又一项的革新，但这些革新却是以一次又一次破坏人际关系为代价的。他缺乏意识，不懂互惠，没有互惠意识。这些特征都让他很难靠近别人。不管事业上还是人际关系上，都没有人能和他长久相处。让人伤心的是，史蒂夫·乔布斯和马克·扎克伯格只是千万个没有到达人生这一关键期的两人。我能想到他们 10 岁的时候是什么样子的。我能想到人们可能会惊异于他们积极、求知、超前的思维。我也能想到他们交谈的时候，都是对着人说，而不是和人说。我给很多男孩做过咨询。他们对手机应用或者电子游戏，历史或是体育等那些他们真正感兴趣的东西，能滔滔不绝地谈论很久。有时候他们说话的时候都不愿意看着我，他们可能就在对着空气说话。别人问到他们感兴趣的领域他们会很兴奋，但他们却不问我是不是有兴趣继续听下去。通常我会打断,指出他们缺乏互惠意识。我相信,如果我不打断的话,他们能滔滔不绝地讲,把整个咨询时间都变成独白时间。有时,我会和他们一起练习来回传递橄榄球。当他们拿到球的时候,就需要问我一个问题。

这种"传递橄榄球"的活动强化了他们关注对方的模式,也给对话创造了合理的节奏。我们练习了如何提出后续问题,怎样在回应的时候体现共情,感觉对话停滞不前的时候要怎么办。

我让很多男孩在他们脑子里记住三个最开始可以提出的问题。那些问题可以用于遇到陌生人时,和成年人谈话时或是当他们觉得对话停滞不前时。我让青少年把这些问题写在一张卡上,也让他们拍照存在手机里。我也会让年轻人去看《社交网络》这部电影,对其进行评论,以此来观察他们的行为是否能体现出互惠能力。我还和自己的孩子角色扮演过同学会和高中毕业舞会的场景(当然不包括跳舞,我让妈妈负责那一部分)。

 男性文化中的互惠缺陷

要想在电影里找到例子证明男性体现展现互惠能力是很难的。很不幸,在现实生活中要发现他们没有这一能力却很容易。想在男性文化中,找到男性尊重女性的例子也很难。今天早上又有一则新闻报道说一位知名运动员因为虐待女友而受到指控。

我在博客上传了一段视频。内容是一个家庭实验，和男孩子一起看一段短视频，然后问他们一些问题。这些练习是一种方式，让我们能进入孩子的思维和心灵，这样我们才能理解他们的感受，他们脑子里在想什么。这样我们才能帮助他们提升批判性思维能力。在男孩看完视频后被要求去给女孩一记耳光。对，你没看错。此刻男孩的反应和回应就能很好地体现男孩对于向女性施暴的态度和看法。

我有幸参加了一个致力于通过教育男性来结束对女性实施暴行的项目。

这个项目提供了很多资源。家长可以使用这些资源。男孩能把男女关系看成是合作关系，把共同尊重和平等互惠当作基础，这一点很重要。

 妈妈的价值是满足男孩的需求

男孩和母亲的关系可能会成为其学习互惠能力的绊脚石。我的女同事说她的成长过程都是自己做饭，而她妈妈却给她每个兄弟做饭。这种表达其实传递出某些关于男女不同价值的思考。明确的说就是，在这个女同事的过往经历中我能感受到女性只为满足男性的需求而存在。

我整个儿童和青少年期，父母都外出工作。我不记得他们是如何分工家务的，比如做饭、打扫、洗衣、园艺、汽车保养还有支付账单等。我只记得他们是一起做了这些事。我记得爸爸做几天饭，然后妈妈接着做几天。我记得他们两个都给草坪除草、洗衣服，还有管理家庭财务。现在我当爸爸了，我很庆幸自己懂得家庭中父母的合作方式。这些经历为我的婚姻和育儿积累了经验。我觉得我太太一定很感激我知道怎么清洗精细的工具、煎蛋和使用电熨斗。

打理家庭的成功秘诀并不只有一条。我读研究生的时候，做了一些兼职，也零零星星赚了点钱。我太太一直工作支持我的学业还有家庭开销。后来我们有了孩子，在孩子还小的时候，我太太就在家工作。也自然而然承担了绝大部分的家务，因为她在家的时间更长。

她回去教书以后，我们重新分配了职责。孩子长大了，我们也重新分配了各自需要完成的任务。比如，我最大的孩子现在负责清洗衣物。双胞胎儿子负责丢垃圾，回收物品，还有照顾宠物。就连我们家小狗也有工作！

我想表达的重点是，男孩和女孩需要合作。他们需要看到家庭成员之间通力合作。男孩需要知道妈妈爱他们，相信他们，也会支持他们。他们不需要看到妈妈的存在只是为了满足自己

第六章　互惠　　177

所有的需求。如果只看到这个就会阻碍男女之间形成互惠原则。

在日常生活中，又该怎么做呢？让你的儿子帮忙做饭。孩子开始会走路了，他就能捡起玩具或者能把餐具放在架子底层。最终他要学会自己做午饭、洗衣服，还有自己整理度假时的行李。

一位母亲最近告诉我，儿子参加完棒球训练后，精疲力尽地离开休息区，在她面前放下了运动包。母亲提示孩子拿运动包的时候，孩子说："你替我拿。反正你也不用一整天都工作。"

我马上就问了他父母之间的关系。我发现了什么，你一定想得到，爸爸妈妈的关系并不好。

像我们一样，这位母亲不能控制自己丈夫还有儿子的所作所为，但是她能控制自己如何回应。我们谈了在目前状况下如何教会孩子互惠：首先要让男孩的教练参与其中。他能要求孩子跑步后，再清理场地。孩子自然而然地拿行李包了。

男孩的互惠垫脚石

 尊重

回顾一下《音乐之声》电影里面经典的歌词："我们从头开

始,一个很好的开端。"

我总是建议,面对男孩的时候,要从头开始。假设面前的男孩并不懂旋律、节奏,还有对话的时机。我们之前已经探讨过他们读懂非语言信息时有多困难。所以,在和他们讲解如何运用沟通机制的时候会花更多的时间。

他们很容易就说太久,或者说话声音太响。他们要么站得太近,要么站得太远。他们也很容易在对话过程中打断别人或者中途就游离了。他们需要有人教他们用"你好"和别人打招呼,说"再见"和别人告别。找我做过咨询的一群不同年龄组别的男孩都看着一个人走进房间,坐下来,但却没有一个人和他打招呼。

根据男孩性格的不同,我们可能需要使用呼啦圈或者足球,去训练最基本的东西。我很肯定他们需要进行角色扮演游戏。我见过一些年轻人,他们不能很好地区分男性或者女性,或者同龄人还有成年人。他们会当着女孩的面打嗝或者放屁,也会当众打断老师或者领导的话。很多男孩都是非黑即白型的思考者,他们非常直接。如果我问:"你的圣诞假期过得怎么样?"他们很可能就会纠正我,回应道:"我没有度假,我只是离开了学校,在圣诞节的时候休息了下。"

我经常使用手机里的计时器,也时不时会设定一个闹钟。

第六章 互惠　　179

闹钟一响，我就知道是时候停下自己谈论的话题了。我和孩子们进行头脑风暴，想知道多长时间才足够。然后我们一起设定闹钟。随后我们用"你想做什么"这样的问题来练习轮换发言。

如果你的儿子很内向，那让别人参与进来并不合适。活动的目标不是让他变得更加外向，或者更加善于社交。从来不是这样的。男孩们需要的最终目标是尊重。如果别人跟你说话时你不回应，这就是不尊重人。躲在父母身后，打招呼的时候没有眼神交流是不尊重人的表现。收获赞美的时候不去表达感激这也是不尊重人的表现。这些都是对人尊重的要求，而不是外向的表现。

我的两个孩子都是外向型的。他们思维活跃、直觉敏锐、善于观察、经常自省、聪明机敏又讨人喜欢。但是，他们需要提醒才会去接电话、回邮件或者信件。不告诉对方自己是否收到信息会让别人担心这些信息有没有传达到位。单单收到消息是远远不够的，还需要做出回应。我们之前讨论过，回应可以很简短，但仍要告知对方。形式很简单，可以说"我同意""谢谢""听起来很棒"或者"主意很好"。我再说一遍，这就是最基本的尊重。

 **诚恳和谦卑**

我们已经讨论过了，BAD（责备、回避还有否认）会对孩子产生不好的影响。我还想再加几个词语："傲慢、逞能还有竞争。"用英文首字母缩写表示就是 ABC（Arrogance、Bravado、Competition）。男孩比较容易逞能，竞争会加剧这一趋势，睾丸素会让这种情况愈演愈烈。这种行为背后的原因可能是不安全感，当然背后还有一系列原因。

我做过一个实验，和男孩说："下面我要说两个截然不同的事儿。你的任务就是弄清楚我的意图到底是什么。"第一轮的时候，我会停下来，看着他们的脸，然后慢慢轻轻地说："我很抱歉。"我停一会儿好让他们想明白我说了什么。通常他们都会笑，然后说："听起来好像你想为什么事情道歉。"我同意，然后我们开始第二轮。这次我开头还是和之前一模一样。我停下来，看着他们的眼睛，然后我双臂交叉，皱起眉头，用一种指责别人的语气喊出来："对不起！"

我们通常先一起开怀大笑，然后我们才讨论为什么我说的话一模一样，却产生了两种截然不同的效果。我只是改变了语气、音量还有身体姿态，其他的一点也没有变。

就像我让男孩们看对话视频一样，我让他们看一个人道歉时候的样子。

我们想要看看语言表达和非语言表达是否相符。我们想要找到体现诚恳和谦卑的证据，看看这一切是不是自愿的。想想那些演员、政客还有运动员在开新闻发布会时的样子。他们被抓现行的时候表现出来的愤怒比坦白自己造成的伤害时要强烈太多。有多少次，他们说出的话就像是公关人员编造的，而非其肺腑之言？我相信，真正的忏悔永远是谦卑的。就像我们讨论过责备（单方面指责他人的行为）一样，谦卑能促进（双方的）互惠。

 求知欲

傲慢和虚张声势会让一个男孩误以为自己无所不知，而谦卑让他变得更加内敛好学。我们不是从学校毕业以后就不需要老师和教练了。作为家长，告诉孩子哪些成年人依旧在你的人生中扮演着教师、导师还有教练等角色是很有帮助的。在这里我要提醒孩子的父亲，让他们开诚布公地告诉孩子可以被询问任何问题，寻求帮助很重要，学会学习和懂得成长也很重要。

男孩需要和自己生活中的人一起用眼睛看、用耳朵听、用心去感受这些疑问。男孩需要看到男人从自己妻子、朋友、咨询师、导师还有同事那里学到东西。

我有个好朋友，比我大 9 岁。他是三个孩子的父亲。

年纪最大的儿子已经成家，而且自己也当了父亲。我们做了二十多年的朋友了，经常一起跑步、喝咖啡。我也问过他如何成为一个好丈夫和好父亲。我最近告诉我的孩子们，自己这些年问他的问题五花八门，从如何与一个伤害过自己的人划清界限，到怎样攒够钱送三个孩子上大学。

即便只是作为父亲，他也比我有经验，但是他也还是会问我问题。我们的关系是互惠的。我们无所不谈，话题从育儿经验到检查前列腺，从友谊到经济状况，从婚姻到学业。

我觉得在人际关系中求知欲会给人带来成长。这就是现实生活中的教室。《孩子如何成功》（How Children Succeed）的作者保罗·托夫（Paul Tough）进行了一系列纵向研究，记录了孩子从学生到成年的状态，用各种方式衡量了成功。他得出的结论是，不论是智商、考试分数还是就读学校，都不是衡量一个人能否在学校、婚姻或是工作中取得成功的因素。真正有助于成功的因素是一系列的"非认知技能"，比如毅力、适应能力、自控能力、感激、乐观、社交能力还有求知欲。作为家长或是教育者，要让这些成为自己的养育目标，为你所爱的孩子创造机会，让他们能够朝着这些关键期迈进。

女孩希望拥有互惠关系

我们来谈谈网球吧。我不知道你们有没有打过。我打过一段时间但我打得不好。在我的成长过程中，我花了好多我父母辛苦赚来的钱去学特长，也花了很多时间去上网球课。但是，不知为什么，我的球总是跑到别人的场地上。我很刻苦地训练了基本功。打网球在这里用来比喻教育女孩们学习互惠能力。

如果你打过网球，我来给你讲讲是怎么回事。我发球给你，你看到我发来的球，打回来。我再打回去，我们就这样一来一回。打网球就是这样一种体验。对话也是如此。

意识是人际关系的基础。人际关系是女孩建立联系的基础。女孩总想要取悦别人，所以她们会真的关注别人。我也相信，她们想让自己拥有互惠关系。她们想要和他人拥有共同的对话、共同的经历。她们一起分享快乐,甚至连去厕所也结伴而行。她们想要建立联系。互惠关系是真正能让我们与她们建立联系的纽带。我相信所有女孩都想要。我也相信,有些女孩只是不知道如何实现而已。

女孩的互惠绊脚石

想想上次你和女儿还有她的朋友在车里的时候,她们是怎么交流的呢?如果用互惠能力来考量,你女儿的"网球技巧"如何呢?她问了问题吗?她倾听了吗?她做出回应了吗?如果你不确定她在谈话中的表现,那么我和你分享一个内行人才知道的小技巧。我妈妈有一个育儿技巧,就是改变一下车里音响的设置,让后排的声音比前面更响一些。然后,为了听到彼此的声音,孩子们在后面会提高讲话音量。然后妈妈就能听到她们在说什么了。这一切只要调整一下按钮就可以了。事实上,我们要让女孩愿意谈论她自己,让她们有勇气提问,让她们能够相互倾听。这样她们就能实现互惠。

 内向,所以与他人保持距离

"有时候,这就像我躲在自己面孔之后。"

我一直记得这个高中女生说出的这句发人深省的话。她确实躲藏在自己面孔的后面。她太内向了，不光开口说话有困难，连表达情绪也有困难。她把这些都深埋在心底。她的这种比喻我也听过别人说过。

要注意哦，我没有说她们很害羞。在《内向性格的竞争力》（Quiet）这本书中，苏珊·凯恩（Susan Cain）。在如何养育内向的孩子方面给家长提供了很多有用的建议。她也提醒我们谨慎使用"害羞"这个词。"害羞"这个词在我们这个社会中是负面的表现，会让孩子觉得自己做得不够好，会让她们觉得自己不够开朗，不够友善，甚至还会让她们觉得自己的朋友不够多。但是，"内向"是一种个性特征。内向的人和其他人的差异就在于他们通过独处来积蓄能量。而外向的人，则更愿意和他人相处。内向的人并不是抵触与人接触，他们只是更倾向于在安静又独处的时候给自己充电。

内向的人不但会对陌生人做出反应，也会对新环境和事件做出反应。所以不要把孩子遇到新情况时表现出的谨慎态度当成他无法和他人建立联系的证据。她厌恶的是过度刺激，她并不厌恶与人接触。内向和外向与受欢迎程度或是享受亲密关系的程度并无关联。内向的孩子和其他孩子一样，也会寻求别人的陪伴。

你的女儿虽然内向但她还是渴望与人建立联系，即便她躲藏在自己的面孔之后，或是你的身后。你能从她嘴角的微笑发现一些迹象，就是当你的朋友蹲下来和她说话的时候。如果你的女儿很内向，那么帮助她一点一点去接受陌生人。大聚会对她来说负担太重，可以先从小型聚会开始。在到现场之前，可以事先讨论一下场面会是什么样的，角色扮演的时候她会提哪些问题，安慰她说紧张是很正常的。有时候别专注自己而去关注他人或许可以释放压力。她能获得更多孩子的陪伴，效果就会更好。还记得吗？练习带来进步。内向的女孩通常被误认为是冷漠的、不合群的。帮助她通过面部表情来表达自我，特别是学会使用微笑，即便她还在学习如何使用语言表达自己时。

最后，确保你自己对友谊的理解不会误导她的感受。很多孩子，也包括大人在内，宁愿知己好友一两个，也不要点头之交一大群。凯恩认为，这是个人偏好，对你的孩子的社会情感发展没有影响。儿童成长专家告诉我们，孩子拥有一两个知己好友对他们的情绪还有社交发展很重要，但不需要受所有人欢迎。

我见过一些父母比孩子更加追求自己受欢迎的程度。要小心自己过去的经历还有不安全感，这会给你的育儿过程和孩子的社交生活带来影响。受欢迎程度并不是一个必要指标，互惠关系才是。只要一点点帮助，而且通常不用参与太多竞争，每个小孩，从蹒跚学步的宝宝到活力无限的少年都能学会互惠。

 争强好胜

正是我们内心深处对自身价值的怀疑，才让我们在追求自尊的路途中充满焦虑。这种焦虑很容易迫使我们变得以自我为中心，并且会带来破坏性的影响。

——作家亨利·卢云（Henri Nouwen）

"被迫变得以自我为中心"，听起来很像我所了解的一些女孩的状态，特别是那些初中生。但是每个女孩都在不同程度上怀疑过自我。自我怀疑很容易产生不安全感。这种不安全感会对女孩还有身边的人造成破坏性的影响。

当我想到女孩所带来的破坏性影响，就想到了"坏女孩"这个词语。女孩可能会而且经常会耍坏。通常，"坏女孩"的心思才是竞争的推手。对很多女孩来说，竞争成了一种控制自己内心怀疑状态的尝试（可能也控制了她们身边的人）。

相比之下，男孩在竞争上更有目标。他们参与竞争，不论获胜或失败，然后会继续前进。他们有一个内在的调节方式让自己不去针对另外一方。但是女孩就不太一样了，只要比赛一开始，女孩其他的人性就被泯灭了。就像亨利·卢云说的那样，"当我们为了某个问题争论不休，看不到实实在在的个人还有他们身上的独特个性和故事后，赢得竞争就意味着失去身边的人。"

竞争压倒共情。赢得了一次争论，得了一次高分就夸夸其谈，跑步的时候速度比别人快一点，总体上一点一滴累积起来都会让你逐渐失去对方。朋友也会这样。这几年来我给无数个女孩做过咨询，她们都因为自己竞争心太强，在友情问题上备受煎熬。

有时候，竞争很直接。一个女孩想成为班级里获奖励最多的那一个，也想成为团队里获得奖杯最多的那一个。这个女孩就会含蓄地，有时也不那么含蓄地跟别人说，让别人知道谁是第一名。换句话说，她在自吹自擂。女孩们不太愿意和她接触，因为她总是这样说，试图让自己看起来高人一等，让自己在心理上更有优越感，看起来更优秀。

追求完美也让她们筋疲力尽。她们不会当着朋友的面就把自己获得的奖杯贴到自己脸上去，但她们的竞争状态也会使得自己遭到孤立。其他女孩不太愿意靠近她们是因为她们看起来从不犯错。

争强好胜的女孩需要你的帮助。她们需要你更关注她们形

第六章 互惠　　189

成这种特质的原因，而不是她们所取得的成就。你需要深入探讨她们的性格，而不是她们的表现。她也需要感受到煎熬与挣扎。她需要学习新的，不在行的活动，而不是继续参与自己已经驾轻就熟的活动。我知道有些家长设定的家庭目标就是每个家庭成员都去学习自己不擅长的东西。让她体验一下挣扎的感觉，让她体验一下失败的感觉。别让你的孩子每场比赛都赢。提醒她失败没有关系。她的价值和你们对她的关爱与她是否能够取得成功毫无关联，而且要自我检讨一下，作为父母，你是否为女儿做出了正确的榜样。

讨好

让我们回到打网球这个类比上。如果你上过网球课，你很可能用过发球机。不是教练发球给你，然后你们来回对战。发球机直接把球打过网，发到你的场地里。你需要在下一个网球朝你飞来之前把这个球打回去。我讨厌发球机，发球机让我很紧张。我总是觉得这些球会越来越快，我为了回球跑得越来越用力。当然，我经常会打不着球。

我为很多女孩做过咨询。她们的互惠模式比起真正的网球赛来说，更像是发球机。她们一个接一个地问问题，对方连回应前一个问题的时间都没有。她们在处理关系时也如出一辙。

她们一而再再而三，不停地发起行为，将自己的看法反复强加到另外一方身上，这让她们恼怒不已。

上周，我刚刚见过一位这样的家长。她的女儿就是"发球机类型"的孩子。我们叫她为莎拉。我们把她友谊的目标或者那个"球"称为伊丽莎白。莎拉很想和伊丽莎白成为朋友。她常常邀请伊丽莎白来玩，伊丽莎白偶尔会去。在学校的时候，莎拉和伊丽莎白会待在一起。莎拉吃午饭的时候会挨着伊丽莎白坐，或者在操场上和她一起玩。可是，不久后伊丽莎白会告诉班里的其他同学，莎拉太"讨人厌"了。每当莎拉靠近的时候，伊丽莎白常常抓起别的女生的手一起走开，并且窃窃私语，但是善良的莎拉就像一个发球机一样，还在不停地尝试。莎拉需要学习一下互惠关系。

当妈妈讲述莎拉的经历时，她告诉我她给莎拉的回复是："你要继续善良，不管别人怎么对待你，我们都是那种善良的人。"然后莎拉就给伊丽莎白画了一幅画。莎拉的妈妈就把这幅画给伊丽莎白的妈妈代为转交。因为在学校里，伊丽莎白不和莎拉说话了。

莎拉妈妈重视善良这一点让我觉得很好，理论上我也赞同这种态度。但在这两个女孩身上，善良的行为让人绝望，特别是在她们之间没有互惠关系的时候。努力过头就会适得其反。

接受善意的一方好像被赋予了权力,而这种权力会导致不屑一顾。这似乎是操场政治中的潜规则,这样很可悲。有一点很重要,我们要帮助那些急切渴望建立关系的女孩,让她们看起来不要那么急切。我知道高中里有和上面的"发球机案例"一模一样的很多故事。女孩不停地发消息,我已经告诉她不要发第二遍。信息只发一遍,如果朋友不回复,就不要再发了。有时候甚至需要学会放弃一段友谊。这对任何年纪的女孩来说都是让人心碎的事。我们大人也是这样,但是真正的友谊都是互惠的。我们击球,对方再打回来。我们只需要教孩子如何做就好。

女孩的互惠垫脚石

 倾听

去年夏天,我坐在泳池边上听到两个中学女孩在我旁边高声交谈。其中一个激动地大叫:"我有办法了。""我们假装自己是海豚,从泳池一头游到另外一头去。"另一个女孩马上大声回应:"我们像鱼一样,游到另一边去吧。"两个女孩其实意见一样。但是那天,张扬跋扈的性格,或者说是争强好胜的意识占据了上风。两个女孩谁也不服谁。飞扬跋扈的性格给小学年纪的女孩在形成互惠关系的时候带来了很大挑战。但是那两个女孩显然没有这个困扰，毕竟她们已经是中学生了。

我每周在小组咨询的时候都会和十几岁的女孩坐在一起交谈。每个女孩都有机会说出当下困扰自己的是什么。其中一个小组成员之间缺乏倾听技巧，这点让我很吃惊。她们在一个小组里已经好几年了，应该说已经成为朋友了。她们并肩而行，经历了父母离异、男友分手、校园欺凌等各种各样青少年阶段会经历的困难。她们之中有好几个人在社交上也遭遇了困难。我相信，如果她们坐在一起，连你也能感觉出来，她们内心缺乏安全感。她们基本上不去倾听别人，就那么坐着，等着轮到自己发言。跳出自我，长时间把注意集中在别人身上对她们来说是一个挑战。

我们认识的成年人里，有多少这样的情况？他们相互交流，他们等着自己发言的机会。他们从来没有学会如何从自己的世界里走出来，倾听他人。倾听是互惠的起点。有人可以整天都在发球，但是如果我们不用同一个球来回击，那就没有网球这个运动了。

我们如何教会孩子学会倾听？首先，==我们要倾听他们。我们这样示范倾听：我们弯下腰，他们与视线齐平，看着他们的==

> **和孩子试一试**

眼睛，给他们足够的时间让他们开口说话，不要催促他们，耐心回应他们说话的内容。我们要让他们知道自己在倾听他们。

其次，我们在家也练习倾听。我们通过玩游戏，提升他们的倾听技巧。我们讲故事，坐在桌边的时候，我们轮流发言和倾听。让他们反馈一下他们听到了哪些内容。对待年纪稍小的孩子，我们问问题，保证他们跟得上对话内容。问题包括："你对这个问题有什么看法呢？"不要直接问："你在听吗？"这样对话，通常会将孩子拒之门外。如果想要了解更多内容，（The Back Door To Your Teen's Heart）《打开青春期孩子心扉的后门》。

当你的女儿朋友来家里玩的时候，关注一下她是如何交流的。如果她需要提升自己的倾听技巧，等她朋友回家以后再聊聊那个用网球比赛做的比喻。换言之，别当着她朋友的面让她难堪。当她的朋友回家后，也可以和女儿玩角色扮演的游戏，练习互换一下双方的角色。让她用一种能够证明自己在倾听的方式回应你。

还有一点要注意，阻碍孩子倾听能力的发展也可能是家长说得太多了。我每天和不同的女孩还有她们的母亲坐在一起交流的时候，母亲会把一句话重复7遍。我觉得她们是在等着孩子说："谢谢你，妈妈，这真的很管用。"

坦白地讲，她们可能到了27岁的时候会说出那样的话。但目前,即便她们看起来没有在听,但实际上她们还是在听的。所以要好好选择你的措辞,不要说教。我们对着她们说太久,反倒会削弱她们的倾听能力。我们最终的目标是希望孩子能学会独立思考。提问总比说教更能激发思考。问一些问题,这样她们才能跟着去做。

 学会提问

我曾听一位朋友这样说过:"倾听让人变得有趣。"倾听也能让人知道,我们对他们很感兴趣。我们通过聆听来学习。但如果我们不提问就没有机会继续倾听。提出问题才能构建交流的桥梁,增进关系。

很多女孩都觉得提问很难。我与很多女孩交流过,想知道为什么她们觉得一天中最难的是午餐还有课间休息时间。这两个时间段有什么共同点吗?在这两个时间段里,没有任何课程安排。女孩们要对话,要问问题。对很多女孩来说,这像是一个无法完成的任务。

"我要说什么呢?"这是我从女孩口中听到的最常见的疑问。"我很怕自己说错话,或者问出的问题很蠢。"女孩们很刻薄,女孩们也会自我怀疑。这两点一结合,会让所有年龄段的女孩保持沉默。

你怎样才能帮她学会问问题呢？我在办公室里做过很多练习。我们一起设计问题。我经常和女孩说，她们需要准备许多话题。这样在需要的时候，就能随时从口袋里拿出来用。一个经验之谈就是和人谈论共同经历过的事情，至少双方都有所了解的人或事。

我的生活中总有一些家人，从未教给我如何谈论彼此熟悉的人和事，他们会告诉我他们的表亲刚刚有了孩子，或者邻居阿姨的儿子刚刚结婚，可我完全不认识他们。

他们总是随时准备了一些故事，能够拉远不是拉近我的距离。女孩们有时候也会因为这种想法而感到困扰，心里想着自己玩过的那一款游戏别人不知道怎么上手，或者自己读过的一本书别人好像不熟悉。我们需要帮助女孩分享与对方共同的经历，谈论彼此都知道的人，这样她们才能构建沟通的桥梁，而不是让沟通无法进行。

其实，从学校开始就很不错。

"那个考试，你的成绩如何？"

"你对家庭作业有什么看法吗？"

节假日也是不错的话题。

"放假的时候你会做什么?"

"上周末你干吗了?"

"这周末你有什么安排吗?"

"你圣诞节过得怎么样?"

然后我们找一下其他孩子可能感兴趣的话题:

你看过_____这部电影吗?

你听过_____的新歌吗?

你看_____(电视节目名称)吗?

> 孩子自己
> 试一试

在做咨询的时候,我会让孩子们看一些当下很流行的电影或者电视节目。这样,她们在和其他孩子交流的时候就会有更多选择。如果考察这样做是不是符合年龄特征的话,那就不一定了。但你在帮助孩子与他人建立联系的时候要发挥创造力。《歌舞青春》刚刚上映的时候,我有几个朋友觉得自己的女儿不喜欢它的剧情还有里面的多人约会的场景,但是他们知道学校里每个人都在讨论这部电影。所以他们让孩子下载了歌曲,学习里面的歌词还有电影里的舞蹈场景。

这样他们的孩子既能掌握足够的信息和同学进行交谈,又不会让自己显得懂得太多。

你可能会说，我不想让自己的孩子了解其他孩子在看的，有不良影响的内容。几年前，一个女孩告诉我如果学校的同学都在谈论的内容是《与卡戴珊姐妹同行》，那她根本不在乎是否跟得上她们的谈话内容，她也不会去看这个节目。现在的她的学校里所有女孩都在谈论一个席卷全球的歌星泰勒·斯威夫特。我们总有办法既能保护你孩子的心理健康，又能帮助她和他人建立联系。了解泰勒就是不错的选择。所以，这个女孩学了几首歌，开始和几个与自己年纪相仿的人建立起沟通的桥梁。

和你女儿交流一下，让她感到舒适的问题有哪些。如果你能找到她的沟通舒适区，这样你内向的女儿就会感觉到更舒服。"我知道在学校里，午餐时间有多难熬。你不知道应该问其他女生什么问题，要怎么和她们交流。如果你需要一些建议的话，我很高兴能和你分享。"女孩就是这样，她们知道你很理解她们的时候，心里会舒服很多，也更有安全感。

 信任

一名高中女生最近和我分享了自己和父亲同行的一个新年假期。"一整个星期他都没有过问我的生活。我想应该有人教过他，别人说话的时候，一定要停下来听着。我说话的时候，他就那么静静坐着听。但接着他说了一些毫不相干的话，我不清楚他是不是真的在听我说了什么。"

听完这个女孩分享完自己父亲的故事以后我意识到这位父亲就是我们所说的那种自恋的人。他是自己的发球机器，不停地朝着自己发球。有的时候他也会给别人发一个球，有时候也不一定。他一点也不在意，甚至都没有注意到。只要他自己的球发出去了，他就自我感觉良好了。

但是，他的女儿并不是这样认为的。这就是为什么她会找我咨询。她很挣扎，不清楚别人是否真的想要了解自己。如果你碰到她的话，会觉得她很讨人喜欢。她很热心、很善良，也很乐于参与。她在问别人问题的时候表现得很好，也知道如何得体回答。但她很害怕，这种真心分享的方式会创造出真正的亲密感。她从来没有形成一种对他人的基本信任，相信对方是真想要了解她，那个除了"你好""你过得怎么样"之外，真实的自己。那种信赖感的形成是从父母与你的关系开始的。

小结

你要了解自己的女儿，真正地了解她，就需要花一些时间陪伴她。蹲在地上，陪她玩耍；陪她一起阅读她喜欢的书；问她为什么喜欢那部她喜欢的电影，陪她一起看一遍；带她的朋友去吃午饭，努力了解她的朋友们；真正对她所感兴趣的东西感兴趣。最重要的是，要对她感兴趣。你与她的关系构建出的基础会影响她和其他人的关系。这种信任感是形成互惠关系的真正基石。

信任对你儿子而言也很重要。陪他一起投篮，和他一起玩电子游戏。你的儿子想让你更加了解他——除了关心他在学习和运动上获得的成就以外，多陪伴他，教他如何提问，通过让他参与其中，教他如何让别人参与其中。

孩子和他人所形成的互惠关系来源于父母对互惠的看法。他们因此会第一次品尝到亲密关系的滋味。这种亲密关系就像是感受到了理解与爱一般，他们就会觉得世界更安全，而不觉得那么吓人了。每个孩子都需要这种感觉。这也需要家长去教，他们才能学会。之后，他们拥有的每一段关系都会因为他们和父母的关系而有所不同。

这是他们一生之中第一次感受到和其他人有相似感，有安全感。不是生理上的安全感，而是"两个同类"的心理上的安全感。

伊丽莎白·古吉

英国作家

要做第一个和你的孩子，不管是男孩还是女孩，"同类相亲"的人，帮助他们一步一步与其他更多的人一起分享亲密关系，相互理解，形成互惠关系。

建立互惠关系的家庭练习

1. **玩耍**。玩一些需要你的孩子听从指令操作的游戏。比如：木头人、红灯绿灯小白灯等游戏。
2. **亲子共读**。读书给你的孩子听，再让他将自己所听到的内容复述一遍。
3. **创造故事**。玩一个故事接龙游戏。你们轮流一人说一两句话，一起完成一个故事。
4. **复述**。你给孩子讲完一个事情以后，让他复述一遍你所讲的内容。这样就可以检验他是不是真的在倾听。
5. **话题**。和孩子坐下来，想想有哪些话题可以提问。
6. **角色扮演**。练习相互提问，扮演自己最爱的书中或者节目中的角色。角色扮演和朋友谈论离婚、死亡或者家人生病的场景。这种练习会同时促进共情能力和互惠关系的发展。
7. **定闹钟**。有的孩子会在开始分享话题之前，定一个每隔 90 秒或 2 分钟就会响的闹钟。这样做能帮助他们更好地关注自己讨论某个话题所用的时长。
8. **反思**。在从电影院、音乐会或者讲座回家的路上，问一下他们的所见所闻，什么东西让他们记忆犹新。
9. **角色扮演**。
10. 和孩子玩橄榄球、棒球或者网球，通过传球，互问互答。

第七章　责任感

约翰·戈特曼博士（Dr. John Gottman）是一名心理学家，也是戈特曼研究所的负责人，他被评为过去 25 年里最有影响力的治疗师之一。他最为人熟知的可能是他对婚姻关系中冲突的开创性研究。他认为，如果夫妻在冲突之后学会成功和解，那么随着时间的推移，婚姻会稳定下来。

戈特曼的语录里，被人引用最多的是："错了就承认，对了就沉默。"我的工作是为男孩做咨询工作，很喜欢这样简洁清晰的表达。找我咨询的男孩和家长们如果能够把戈特曼博士的这句话文在手臂上，那他们会受益匪浅。不愿意遵守，或者说很难遵守这个守则的原因，我在情绪关键期中介绍 BAD（责备、回避和否认）时就已经提到过了。

如果我能让一个男孩按照这个表达来做，那一定会对他产生巨大影响的，先是对他自己的情绪，再是对他自己的关系而言。在这一章节中，我们将会更全面地介绍"责备"在养育孩子的生活中的作用。

我们会讨论男孩女孩责备别人的不同方式，以及这些形式是如何阻碍他们形成责任感的。就像在之前的章节中做的那样，我们将超越问题，找到男孩和女孩各自独有的责任感垫脚石。让我们开始吧。

缺乏担当的男孩

最近，在因为喝了点啤酒而被便衣警察传唤后，一个18岁的男孩这样回答道："你可以说这是运气不好，或者别的什么，反正我没喝醉。"

一个16岁的男孩在谈起父母离婚这件事时说道："爸爸和我探讨过，和妈妈一起生活下去太难了。"

一个12岁的男孩滔滔不绝地讲述着自己的老师对自己不依不饶的批评，只是因为老师发邮件告诉他父母发生在课堂上的最新情况。

一对兄弟，一个8岁，一个10岁，在操场扭打了一下。我在访谈的时候让他们先说说自己能做何改变，再说说自己希望对方做出什么不一样的行为。他们直接跳过了第一部分，开始详细列举对方的错处。

一个7岁的男孩拒绝承认自己撒谎，也硬说自己没有偷过姐姐的万圣节糖果，即使妈妈在其枕头下面找到了糖果包装纸。

男孩的责任感绊脚石

 责备他人

在育儿课程中,我们讨论过,面对失败还有失望的时候,女孩更容易责备自己,男孩更容易责备别人。我很好奇,男孩如何下意识地这样想。我儿子问我太太:"你把我的球鞋怎么了?"我就暗自发笑。

你能听出来这个问句里的责备语气吗?他们从没想要说:"我不知道把球鞋扔哪里了,你见过吗?"这是一种下意识的反应,认为都是别人的错。

有时候,我太太会用幽默化解这个问题。她会笑一笑,然后说:"让我想想,我真的记得穿过你的球鞋来配我的黑色直筒长裙,可能我把它落在了我的储物柜里了吧。"太太能幽默地处理这种状况,让我儿子停一下,笑几声,然后再和她建立联系。这样我太太就不会因为儿子愚蠢的乱指责而失去理智。

在那种时刻,我想要更多地参与其中,主要是想让我的儿子负责任地重新用话语组织一遍诉求,然后向别人寻求帮助。

我在给家庭做咨询的时候,会让他们一个个地说出家人的优点(那些他们处理得很好的事),还有家人的缺点(那些他们需要继续努力的事),然后我会让每位家庭成员考虑一下自己对于那些还可以做得更好的事能有什么贡献。我会提醒他们，任何人都能很容易地分辨出别人在哪些地方可以做得更好。

 理所当然

没有什么能比"理所当然"的感觉更能阻碍我们的孩子拥有责任感。理所当然就是觉得"我理应得到，否则就是欠我的"这种感觉。我还能清楚地记得老虎伍兹（美国高尔夫运动员）丑闻曝光的时候，他召开了一场新闻发布会，下面是他的原话：

"我直接超越了夫妻应该遵守的底线。我以为自己可以为所欲为，我以为自己一生勤勤恳恳，努力耕耘，有资格享受身边的诱惑。我觉得这是理所当然的。"

我记得自己听过他的解释，希望很多男孩还有青年人都能听一听，见证一下体育界的一个公众人物，作为这个领域的翘楚，承担起自己的责任，提醒我们金钱和名誉可以给人带来什么。

男孩们脑海中充斥着职业运动员还有演艺人员那些理所当然的行事形象。理所当然的感觉会导致的社会责任感的缺失。老虎伍兹评论自己"直接越界"的时候就表达得很清楚了。当男孩们不相信那些规则适用于自己时，他们就会跨越边界。因此，他们在社交上也不会相互尊重和彼此谦恭。

 **社会文化**

前不久,另一位美国职业高尔夫球员也出现了类似的情况。布巴·华生(Bubba Watson)就要夺得联赛冠军了,他在瓦尔哈拉高尔夫俱乐部参加了一场"掺水"的比赛。他说了一些丧气话,接着又说了一些亵渎的话,忘了麦克风在同步他的声音。公众把这一段话放在社交媒体上。争议声、纠正声还有肆意的批评声不绝于耳。这就是网络里的落井下石。

华生在社交媒体上是这样回应的:

"我言语不当。我说的都是些幼稚不堪的话,我试着让自己越来越成熟,让自己成为一个更好的人。我选择接受,是我不对,我应该表现得更勇敢、更强大、更优秀一些。"

男孩们几乎没有机会听到职业运动员或是演艺人员说诸如"是我错了"这样的话,或是承认他们能够比之前"表现得更好。"

我最近看了一个 TED 的演讲,内容是特拉维夫大学性别研究专家然·加瓦列里(Ran Gavrieli)分享自己为什么不看色情电影的原因。

他游历各地,向学生宣讲禁止色情片后会在情绪上和生理上产生健康的性。

在演讲中，加瓦列里先生承认自己曾经对色情片上瘾。这也塑造并伤害了自己对于女性以及健康性行为的看法。他接着谈论了如何认识色情，它就像任何行业一样，是基于供求关系产生的。只要他主动看色情片，他就等于参与了对无数人的伤害活动中。这些活动包括人口拐卖还有色情服务业。

年轻人需要听到成年人正视自己的挣扎，号召他们努力成为更好的自己，朝着不同的越来越好的方向不断前进。

男孩的责任感垫脚石

 诚恳道歉

一切都始于你说"我很抱歉"。对男孩来说，这句话很难说出口。我们说到这里了，有必要做一个区分。我们咨询师坚信一个孩子如果做错什么事说错什么话，他们一定要请求他人的原谅。这一点很重要。不管是有意的还是无意的。经历请求原谅这一过程是很重要的垫脚石，能促进孩子社交能力的发展。我们都会犯错，我们都会说一些会让自己后悔的话或者做一些会让自己后悔的事。就像我们在这本书的第一部分讨论过的那样，我们都很容易表现出情绪化的状态。

当我们的孩子在关系里犯了错，让他们勇于承认，然后道歉，不管他们自己是否已经感觉到了歉意。爱是选择，不是感觉。原谅是选择，不是感觉。如果我每次都等到我自己觉得很抱歉了才去要求原谅，我就真的无法完成自己需要去构建的关系。毫无条件地爱一个人意味着即便是自己不想做，也会去完成。

作为一名家长，孩子生病的时候，我会半夜起来照顾他们。这是因为我爱他们，出于自愿才那么做。我一点也不喜欢起来去清理呕吐物或是更换床单，但我必须那么做。很多育儿专家认为只有孩子真的觉得抱歉，原谅才会起作用。对此我会说，你们真的很对。有时候道歉并非发自内心，但却是有目的的。

就像我们已经讨论过的那样，帮助我们的孩子提升情绪自控力，有一部分是在帮助孩子理解我们不能任由自己的情绪掌控所有。如果我允许自己的情绪控制生活的方向盘的话，情绪会带着我每天，有时候甚至是每隔一小时，就去 Ben & Jerry's 冰淇淋店。我的弱点是用食物作为安慰手段。我觉得说出"我需要吃 Ben & Jerry's 的冰淇淋"这样的话有种罪恶感。我并不需要冰淇淋，我这一生已经吃了够多的冰淇淋。我常常想吃，但我不需要。

当我努力驾驭自己的情绪时，我会感到焦虑或者恐惧。这样就激发了我想要通过食物来缓解自己的欲望。我有意想要尝试一些新方法，尝试不用过度饮食来引导情绪。我想要做的一些决定，都是考虑周全的、健康有益的，但经常和我自己的愿望相违背。

我曾经在一部电影里听到里面的主角说过这样一句话："情绪就像孩子，你既不想让他开车，也不想把他装进后备厢里。"

 下定决心

我第一次给一个家庭进行咨询的时候，他们正处在关系恢复期，或者家中成员已经戒酒一段时间了。这时候，我通常会舒一口气。我过往和那些积极戒酒或者努力恢复的家长接触下来的经验是，他们真的懂了。我说"懂了"指的是，他们真的理解感受自己情绪对自己和家庭的重要性，也就是明白了让情绪控制自己会产生什么后果，而追求一种更加健康的生活又意味着什么不同。

他们通过一种特殊的方式了解责任感。如果你参加过一次康复聚会就会知道。通常这类活动从自我介绍开始，然后你要承认自己对某种东西上瘾。

这样的感觉很奇妙对不对？在说其他内容之前，首先承认自己在奋力挣扎。"我需要借助上帝还有社区的力量，我每天都在努力试图找出解决方法。"这样的生活方式多健康呀！我们能从康复聚会上学到一些关于情绪、社交还有精神健康方面的知识。

在康复社区里，我最赞同的是"下一次我一定会做正确的事"这一行为。在我们对自己的人生感到迷惘的时候，不知道自己接下来应该怎么做的时候，情绪上头的时候，唯一正确的行为就是我们要保证接下来的行为要正确。可能，接下来最正确的行为是给您的担保人或朋友打电话，也可能是把电脑关掉、远离冰箱或者去散个步。接下来的正确行为是因人而异的。接下来的行为都涉及了"决心"。"决心"的其中一个定义就是坚决采取某种行为。这就是承认自己对现状不满，对目前的关系不满，对自己内心的情绪不满而自己要用决心回应这些不满。

养育一个男孩，最重要的任务是教会他在各种关系中学会正确的回应，而不是单纯地只会反应。

 修复错误

我曾经给一个家世显赫的年轻人做过咨询。这个年轻人名叫布雷特，他就读于一所颇有名望的私立学校。他学业优异，运动能力突出，能轻而易举地上自己想去的任何一所大学。他和我知道的当今美国大学生一样，认为大麻使用应该合法化。

在美国目前的青年文化中,这个想法非常流行。

某个周末,布雷特和几个朋友一起玩。他们之中有一个人提议喝一下家里酒柜中的藏酒。这家的主人发现以后就把情况告知了其他孩子的家长。布雷特被关了禁闭。他也暂时失去了开车的权利。几周以后,有一个朋友提议他们别喝酒了,试试抽大麻。他们在网上搜索后得知,有一种药品能够调节自己的身体机能,借此可以躲过父母对自己进行的大麻检测。可是这群年轻人忘了,学校的随机药检需要用到他们的头发。调节身体机能也许可以躲过尿检,但是却逃不过毛发检测。

布雷特被抽中参加学校药检。他在结果出来之前就先和父母坦白了。他知道如果自己亲自告诉父母,结果可能比学校通知要更好一些。

他的父母对他这种行为表示失望,随后拟定了一份家庭约定,把他的车子卖掉(虽然这辆车是布雷特通过暑期兼职自己买的),以防他再次聚集。甚至,他们还明确表示(立下字据)家庭成员只要非法使用药物,父母就不会为其负担汽车保险。

布雷特的父亲先前在孩子申请上这所学校的时候,曾经请一位同事兼朋友写了封推荐信给招生委员会。布雷特的父亲解释了这个颇有身份的企业家是如何推荐,让布雷特的申请得到重视。接下来,布雷特的父亲载着泪流满面的儿子穿越城市,让孩子和企业家面对面坐着，承认错误，为自己的行为负责，并请他原谅自己辜负了这位企业家的推荐。在开车去见企业家的途中，布雷特大喊道："我讨厌我的学校，就算他们开除我，我也觉得无所谓。"

父亲看着自己心碎的孩子，坚定且充满智慧地说道："我很理解当下你会说出这样的话。我希望以后你能更准确地说'我讨厌这种情况'。"你的学校不应该对你使用药物的决定负责，是你自己开学的时候签了协议，同意参加随机用药监测。你知道学校的规定就是这样的。"

一路上他们默不作声。孩子也不喊叫了，也不继续说话了。父亲知道再继续说教的话，孩子一点也听不进去。于是他开车穿越城市，带孩子体验了这个痛苦却能重塑自我的道歉仪式。这样的过程帮助孩子学会对自己的行为负责。

过度自责的女孩

新年后不久，我遇到了一个电脑问题，于是询求技术人员的支持。你一定知道那种电话，三秒内就能说清楚的问题，却需要听三个小时的等候音乐才有人出来为你解决。但我从这通电话中却得到了意外收获，我对女孩的责任感有了新的理解。

我们经历那种漫长又痛苦的等待，期待有人从遥远的州外或者异国某地接入电话的时候，接线员问起了我的假期状况。我一心想要结束这个话题，只是简单地回应了一下，也随口问了她的假期过得如何。我接着说："嗯，新年那一天，我们花了很长时间一起吃了一顿饭。我让家人坐下来说了说话。我告诉他们，我感觉不舒服。他们都让我精神紧张。我希望他们的新年愿望是改善这种状态。"说完，我笑得很大声。电话那头的

第七章　责任感

她迅速反驳道:"我不知道你在笑什么,他们确实需要做出一些改变。"

你听过自己女儿做过如此粗鲁的回应吗?你的情绪经历了漫长的等待,当你安心表达时,对方却粗鲁的反驳。女孩十分擅长顶嘴,但却不善于了解什么才是真正的责任感。

女孩的责任感绊脚石

 完美主义

"不管我们做什么,都不能让她开口说一句对不起。"这几年间,我听过无数父母说这样的话。

女孩固执的根源产生于她生活的很多方面。她可能就是一个完美主义者。说"对不起"对她而言可能就是承认自己最讨厌的东西:不完美。可能她引以为傲的是自己的坚强与其他优点。对她来说,说"对不起"就是承认自己的脆弱还有缺点。

这对于一个让骄傲阻止自己形成担当意识的女孩来说,风险很大。她的固执下面,潜藏着某些特定的恐惧。她需要你的帮助才能挖出这些恐惧,并且走出来。很可能,她需要听到有人对她说"犯错也没有关系"。她自己也需要体验一下那种感觉。一定要在她们面前营造出环境，让她们参与一些自己不擅长的活动。不要对她们抱有太高的期待，这样会让她们觉得自己无法满足这种期待。表扬她们为此付出的努力，不要关注结果。她们可能需要暴露自己的弱点，然后再学习和强化一下。阅读本书的"情绪词汇"章节的相关内容，和她们一起梳理她们认为表达情感的不足之处，给她们"摔跤"的自由。

　　向我咨询的一个二年级的女孩，她刚刚入读一所新学校，感到了一丝丝焦虑。她妈妈比她更焦虑，于是打电话给校长。这个学校校长的回复很智慧："我们欢迎孩子不断努力尝试，我们想要孩子在自己的非舒适区中得到锻炼。"校长说这些话的时候充满了同情和善良。对于那对母女来说，这就是一份莫大的礼物。通过这种美丽的方式，孩子在小时候就能明白"脆弱是没关系的，不能一次获得所有的东西也没有关系，即便可能失败也是可以被接受的"。你的女儿也需要得到这些信号。她需要在自己深陷挣扎的时候找到合适的位置，她需要你参与她所经历的挣扎，理解她、陪伴她。

 享受特权的意识

　　去年秋天，在第一轮的学期表现报告单出来以后，我和一个幼儿园女孩的家长见面了。他们来找我不是想让我帮助他们的女儿，而是想让我帮助他们女儿的老师。

"克莱尔（他们女儿的名字）刚刚收到了报告单，她的成绩是 S。"她妈妈开口说，然后盯着我看了几秒钟，很显然，她在等着我震惊和错愕的回应，但我没有那么做。我随后问："你希望她获得什么样的成绩？""她还在上幼儿园，她应该得到一个 E！（如果你不熟悉我们的幼儿园评分系统，那我解释一下，E 为优秀，S 为良好。）"妈妈接着说："一开学，我们就觉得这个老师有问题。我们女儿因为被指责故意扰乱课堂而屡次陷入麻烦。那个老师勒令孩子坐下，当着她同学的面羞辱她。很多次，老师都给我们的女儿打了不及格的分数。现在我觉得自己的孩子已经没有自信心了。她放学回家后总是怒气冲冲。她把怒火发泄在我们身上，但问题的根源不在我们身上。==问题的根源是她受困于他人的期待中。=="

我越是和这些家长深入交流，这些问题就越明显。你可能已经明白了。这就是持权引发的问题。这些问题引发了涓滴效应。这个女孩在学校里十分挣扎，她会当众表现出来，可能是因为学习上遇到了一些困难。这种情况很常见，特别是随着学习强度加大，学习时间延长了。我不觉得老师是在故意为难她。我觉得老师是想要教育孩子，让父母都意识到这个问题的存在。我相信，女孩的父母把更多的精力花费在对抗老师上，而没有支持他们的孩子。

"你没有对你的孩子讲过自己对老师的评价,对吗?"我问。

"不,我讲过的。"她很骄傲地回应道:"我告诉她,她不应该被人羞辱。我会采取行动改善一下这种状况。"

哎呀!这位妈妈现在试图支持自己的女儿,可是这样做剥夺了老师所有的权威。这样也将自己的孩子送向了危险的"理所当然的特权意识"之中。你注意过我们多少次谈论到了"理所当然"的感觉是通往各个关键期路上的绊脚石了吗?这种现象在我们的文化中非常普遍。这也是一个影响很多美国家庭还有学校的突出问题。"这不是孩子的错,是老师的错。"接下来,"那是操场上其他女孩的错,那个女孩太坏了。"然后又是教授打分太低、标准太严格,或是老板太过于要求完美。那个认为万事理所当然的孩子变成了青年人,我们就都知道成年后这种感觉会产生什么样的后果。

你的女儿可能会遇到羞辱她的老师,操场上也一定会出现一个"坏"女孩,她遇到的老师或者老板会对她抱有不切实际的希望……那时候,让她描述一下这些期待对她来说有什么影响是很重要的。她可能也需要你去支持她。她是受害者,但不一定每一次都是。如果孩子每次都认为自己是受害者,她就不会学着去解决问题。她没有能力那么做。她每次都是失败者，她会把努力尝试视为即将到来的失败。

 过度自责

当自己的生活不如意的时候，男孩们最有可能怪谁呢？

女孩子们呢，她们会怪谁？

这是我们在"养育男孩和女孩"的育儿研讨会上提出的两个问题。当我们发问的时候，最先发言、说话最响亮的总是母亲。男孩的母亲回答通常会说："自己以外的人。"其他人说："别人。"

然后在会场最后，我听到有人说："是孩子的母亲。"通常有人笑着表示赞同。在大卫还有其他专家看来，这些都没有错。男孩的母亲们通常是众矢之的。

然后当我们问女孩遇到这种情况应该怪谁的时候，母亲们会毫不迟疑、异口同声地回答："她们自己。"女孩对自己要求太高了。她们对自己的容貌、性格、学业成绩还有体育表现都要求太严格了。有任何可以严格要求自己的地方，她们都会照做不误。这种自我批评的意识可能会阻碍她们形成责任感。

你有没有试着告诉过伤害你的人，只是想听到他们说："我是世界上最差劲的朋友，我什么事儿都做不好。"那个朋友能真正对这个事情负责吗？不会。当时他的自我讨厌感可能是真的。

但是，好像在自我责罚的混乱中责任感意识就消失了。这种自责感消失以后，他们就又恢复了原来的习惯。他们没有真正听懂你要传达的意思。他们也没有真心实意道过歉。所以，他们的行为也就没有丝毫改变。

当你的女儿陷入困境的时候，她可能需要一些时间来消化自己的情感，让自己的情绪量表从 10 的指数位置降下来。要给她留一些时间。让她回自己的房间，去涂涂画画，消化一下自己的感受。然后她才可能出来道歉。道歉对于每个年龄段的女孩来说都很重要。她的朋友会感谢你的，她未来的配偶会感谢你的。她自己也会在承认自己的过错所带来的真诚之感中感受到治愈的力量。

女孩的责任感垫脚石

 用行动表达共情

我们三个作者一致认为道歉对于你的孩子来说非常重要，即使对孩子自己来说没有这种感觉。我们作为爱孩子的成年人，想要做的是给她们提供肥沃的土壤，培育这些情感。而这一切的源起便是能够意识到他人的情感。

如同我们在"共情"这一章节里讨论过的那样，女孩更自然也更容易做到与他人共情。这是随着她们的直觉还有情商一起发展的。在一篇发表在《今日心理学》(Psychology Today)杂志上的文章里，神经科学家告诉我们人脑中有一块脑岛，负责感知人体的信号。当我们共情的时候，脑岛给我们发送信号，告诉我们其他人的感受。脑岛解读信息然后告诉我们是什么感受。这篇文章称，男女之间的差异如下所述。如果他人心烦意乱，或者他人的感受让她们很苦恼，女性的大脑会选择和这种感受共情。但是男性的大脑会做一些其他的事情。他们的大脑会先感受一下这种感觉，然后就无视这种感受，转换到大脑其他领域里，试图解决这个引发他人困扰的问题。

共情对于女性大脑来说更加容易发生，但是男性大脑却更加容易采取行动。随着女性大脑越来越成熟，这种现象会越来越普遍。在我们进行团体心理辅导的时候，如果一个三年级的女孩说自己这一天过得很糟糕，那其他女孩会很自然地站起来，从房间另一边走过来，给她一个拥抱。如果一个七年级的女生说自己这一天过得很糟糕，其他女孩的反应会和之前不一样。她们就是盯着看，她们一言不发。这并不是说她们无法和那个女孩共同感受悲伤，而是因为这些感觉被淹没在对别人看法的恐惧中了。她们不想自己说错话，也不想自己在那些很重要的同伴面前做出一些会让自己看起来很愚蠢的举动。所以她们默不作声地坐着，没有采取任何行动。她们与他人共情了但也无法表达。

要趁早教会她们用行动表达共情。问一下女儿看到那些在街上无家可归的人时有什么感受。问她要是长途旅行归家后，自己家的狗会有什么感受。特别是她伤害了别人的感情后，问她自己觉得别人会有什么样的感受。如果可能的话，让受伤的一方谈一下自己内心的感受。然后给她一个机会去道歉和弥补，就像大卫在男孩那一部分里谈的一样。

她会道歉的，她也会要求别人原谅自己的。这时我们可以强烈建议她们采取行动了。让她分享玩具给那个曾经跟自己抢过玩具的人；让她用自己的零花钱给姐姐买一件衣服，补偿一下被自己毁掉的那一件；让她写一份道歉信给老师。最好是，这些行为都是她自发想出来的。问一下她觉得自己怎么做才能改善一下目前的情况。要怎么做才能弥补一下对方的感受。她觉得怎么样才能让别人心里舒服一些？

 适当表达"对不起"

研究表明，女孩比男孩更会道歉。但是，她每次道歉的原因都正当的吗？在《心理科学》（*Psychological Science*）2010 年 9 月版的一项研究中，卡琳娜·舒曼（Karina Schumann）和迈克尔·罗斯（Michael Ross）发现日常生活中女性比男性道歉的次数要多。他们在自己的第一次研究中，探究了66个测试者在21天中，自己报告的受到冒犯以及道歉的次数。在那项研究中，他们确认女性比男性持续道歉的次数更多，但他们还发现女性比男性受到的冒犯次数更多。所以问题的关键并不是女性道歉太多，相反在冒犯的认定问题上可能存在性别差异。

第二次研究有120个测试者参与，使用了7级量表测量冒犯的程度。女性认为自己受到的冒犯比男性更严重。"结果是对于某个已经存在的冒犯，男性和女性一样，也很容易道歉。他们认定自己受到冒犯的门槛比女生更高一些"。

职场女性会因为打断会议进程提问而道歉。如果她们不小心撞到某人或者在飞机上使用了座椅扶手，都会道歉。"对不起"已经取代了"打扰"或者"我打断一下"等表达。潘婷洗发水曾经推出一支广告，名为"别抱歉"，形象有力地展现了这一品牌的更闪耀系列。

这就是过去几年间我一直向女孩们展示的内容。如果你家里恰好有女孩处于青春期或者即将进入青春期，我强烈建议你给她们看一下这段视频。

我们之前谈到的自我讨厌会导致我们的女孩（女性）认为自己在身体上和情感上占据了太多空间。即便"打扰了"这样的表达已经足够了，她们还是会道歉。这样就贬低了自己，也贬低了冒犯真的发生时道歉的真正价值。

别允许你的女儿道歉过多，别给她自己能道歉的理由，教会她珍视自己的声音和观点。帮助她了解她自己，也让她了解她的发言很重要也更有价值。在她伤害别人的时候，认可她真诚的道歉。教育她把"我很抱歉"这句话留在有必要的时候说，让她明白她所说的话真的会对听者产生影响。

 家长的示范

"我妈妈从来不去承担责任，她每次都说是我的错。我从来没有听见她说过自己很抱歉。"这些话是一个青春期女孩上个星期告诉我的。但是这几年里，我听到很多女孩说过类似的话。我猜这些女孩的母亲也从来没有从自己的妈妈口中听到过抱歉的话。这些女孩要么继续这样的模式，要么就不那么做。

你的父母有没有和你说过自己很抱歉呢？他们会走近你，然后说"我知道，我伤害了你，你能原谅我吗？"我猜大多数人都会说"没有"。我们父母那一辈人不会道歉，就跟他们从不谈论自己的感受一样。

我们生活在不同的时代。我们作为咨询师，看到父母走进咨询室，已经是最激动人心的时刻了。这一代人比自己的父母的自我意识强多了。他们会谈论自己的感受，也尽力培养孩子养成这种意识。他们尽力在一个更加健康、更有情感支持的环境中养育孩子。

比起你们的父母，你们这代人有更多的工具用于表达和聆听……就算这样，有时候道歉还是很困难的。我们孩子身上，不管是男孩还是女孩，都会有这样的绊脚石。我们身上的习惯已经根深蒂固。

你的孩子通过观察你的行为，倾听你的语言来进行学习。他们观察你怎么处理矛盾。当你在候诊室等待了45分钟以后，他们会注意到你在医生的办公室里冲着医生发火时的表现。还有那些你脱口而出的话。他们也会留心倾听你对另一半低声说的话，也能在假期里听到以及感受到你对于自己父母的无奈态度。他们会注意你如何对待自己生命里的每个人的，甚至包括宠物狗在内。

我们的一位好朋友告诉我们，她这周不得不向自己的三个孩子道歉，原因是她说想要把那条在餐厅随地大小便的狗给杀了，这已经是它第47次那么做了。她的孩子们都还小，听到自己妈妈说出那种愤怒的话时，都吓坏了。她的道歉让孩子安心了，不仅是因为知道了妈妈不是因为他们而生气，也知道了妈妈并不是真的想要结束小狗的生命。

你的道歉对孩子而言非常重要。如果你说自己很抱歉，他们就会知道一切都会没事的。他们明白了你能控制住自己的情绪。他们能听出来你能掌控这种情况。他们知道了你也是不完美的，所以他们也没有追求完美。当你道歉的时候，孩子会感受到安全和爱，还会觉得自己受到了关照。

有一个原则我要解释清楚，那就是不要向孩子过度道歉，特别是你的孩子执着于某件事的某一面之时。我要把责任感示范给孩子看。我也和一些父母交谈过。他们很会自我负责，可是他们的孩子却几乎做不到。你要清理好自己那边的"街道"，但是也不要太过频繁，不然他们会把自己这边的"叶子"扫到你这里去。因为他们知道你除了承担自己的责任以外，还会帮着处理他们的难题。

小结

道歉这种交流方式只能通过学习才能掌握，孩子并不是天生就会的。"我很抱歉"这句话可能是你孩子学过的最难的一句话。对大人来说这句话可能也是最难开口的。当我们拥有责任感的时候，那原谅的意义就更深远了。作为成年人原谅是他们（和我们）的生活还有人际关系的基础。

提高责任感的家庭练习

1. **重来**。让你的孩子重复一遍你责备别人时提出的问题或者讲出的话，而不是你宣布自己负责时说的话。使用"再试试"这句话。
2. **评估**。当你的孩子陷入困境，责备他人或者某个机构的时候，向他们提出挑战，说出："我不喜欢这样。"有时候，没有人应该负责，只是情况很复杂，境况很艰难而已。
3. **询问**。你觉得做什么才能有助于这样的情况呢？在现实生活中，你想要做什么呢？即便是在看故事或者电影时，如果你是其中的角色，你会怎么做呢？
4. **保持中立**。有时，你不知道应该责备谁，特别是有兄弟姐妹在场的时候。他们还能向彼此道歉，说："对不起，发生了那样的事情。"作为补偿，他们可以替兄弟姐妹们做一件家务。
5. **领导**。如果你的孩子还小，不知道怎么道歉的话，你可以替他道歉。这样就示范了道歉是什么样子的，也对安慰其他孩子受伤的情感有所帮助。你还能稍候再处理孩子本可以做出的不一样的行为。

6. **不轻易道歉**。一定要小心道歉来得太容易了。有些孩子很早就发现,一个道歉能很快结束对话,使自己从困难中解脱出来。

7. **倾听**。尤其注意在那些错综复杂、牵涉多方利益,权责不明的情况下,成年人是多久抱怨一次的。

8. **角色扮演**。让你的孩子扮演其他角色,和他游戏和对话。扮演其他人有什么感受呢?他们那时候心里会想些什么呢?要做点什么才能让他们心里舒服一些?

9. **科普**。为了让孩子成为有责任心的世界公民,很有必要让他们理解并接受供给和需求这对重要的关系概念。

10. **分享**。向孩子介绍像 TOMS 这样的公司,它们创造出的商业模式就将责任感和慷慨等品质包含在内。

第八章　边界感

我（大卫）曾经给一个 15 岁的男孩做过咨询。他的平均学习成绩是 4.3，是一个很有天赋的高尔夫球手，吉他也弹得很好。他不仅在学校里才华横溢，还能运用发达的认知能力影响周围人。当他遇事不顺时，他就会对自己的家人出言不逊。就像普通的青少年那样，他的妈妈成了受害者。

我教他的妈妈不要置身事内。我们讨论后认为，参与争端就不会有什么好结果。谈话在情绪紧张的时刻可能会让情况加剧恶化。我们练习了如何不受孩子的影响参与争论。

这位母亲曾经说自己和孩子对话时就像是陷入了一场人质危机——自己成为人质。通过练习，慢慢地，她置身事外的这项技巧越来越娴熟，也学会了建立边界，会说出"正因为我太爱你了，所以不想和你争吵""我不会继续和一个不尊重我的人对话",以及"我要休息一会儿再和你继续对话"。孩子会变得越来越出言不逊。妈妈越是设置边界,孩子就变得越可控。

有时妈妈为了退出对话,她经常需要回到自己的房间去。有时候她还要锁门。他慢慢养成了跟着母亲满屋子打转的习惯,只是希望妈妈听到自己的心声。孩子继续侵犯他和母亲之间的边界时,我们谈了谈这样做会有什么后果。他很快发现自己徘徊在母亲房门前时,母亲就会关掉自己的手机。

有一天,孩子尝试了一种新的策略。他跟着妈妈到了房间门口,开始轻轻地温柔地不间断地敲门。这种讨人厌的敲门声持续不断。他听到了卧室卫生间的水声,停了下来,过了15分钟又来了,打算进行最后的尝试。他就静静地等着,直到听到了妈妈在房间里的动静,才歇斯底里地呼喊道:"什么样的妈妈不愿意听自己孩子的内心呀?!"

母亲分享这个故事的时候,我们两个人都笑了。我提醒她,要是所有这些决心和坚持都能用在好事上,那看着一定很有意思。我们都同意,他也许会是一名优秀的法庭辩护律师。

我提醒这个心力交瘁的母亲,她其实是在给孩子创造一种天赋,这种天赋能让孩子在她练习置身事外的时候一直坚持不懈。我特意强调了她将来的儿媳妇会很感激她坚持了下来,这样做打破了一种模式——那就是只要男性让一个女性筋疲力尽,就能达到自己的目的。我提醒这位妈妈，她在示范一种健康的男女关系，就是当一个女性说"自己不想说话"的时候，男性最好的办法就是管住自己的嘴，不管男性是不是赞同女性的行为。

我也提醒她，我们可以选择正确或者善良，就像我之前提到过的。我不相信善良可以理解成好心，我相信善良可以理解成尊重。

这个年轻人想要——需要——说最后一句话。他不光只想有人倾听，他还想要证明自己是对的。他并不需要得到尊重，他只想按照自己的方式来控制母亲。很遗憾，我遇到了太多这样的成年人，他们的父母从来都没有试图打断这种模式。他们就把时间花在"如何证明自己是对的"上面。他们在长大的过程中把冲突视作自己获胜的机会。这样冲突就成了竞争。

给男孩设定界限

当我们给男孩设定界限的时候,我们就在情绪还有社交层面创造出更多的机会。界限创造出空间,让他们能自我管理(理性),决定接下来要做什么(智慧)。界限能让他们去换位思考(共情还有意识),界限为妥协(责任感)还有对话(互惠)搭建好了平台。设定边界对他们的情绪还有社交能力发展都十分重要。在家里就示范如何设定边界可以帮助一个男孩驾驭家庭之外的一切关系。

男孩的边界感绊脚石

 自动提款机式的育儿

目前我正在给一个男孩提供咨询。他是我在二十多年的职业生涯中遇到的抗阻断最严重的男孩。他总是要求别人,不会去请求别人。他吼着发出命令,不管自己的音量大小还有语气好坏,也从来不管对方是教练、老师、家长还是同龄人。他试图对我故技重施,但我觉得这次他是遇到势均力敌的对手了。我把98%的咨询时间都花在了划定以及强化界限上。这样做非常吃力,就像情绪上的混合健身运动一样。

他是学校里被停课学生中年龄最小的一个。他无数次被踢出各种小组,教练们认为他"无法控制"。检测显示他在学业和心理上面临很多显而易见的挑战。和他母亲交流后,我发现他母亲从他还是婴儿的时候就对他有求必应。他们一起睡觉,母亲还根据男孩的喜好单独给他做饭。

母亲甚至坦言,自己每一通电话都会被儿子打断。母亲觉得自己就像一个"自动取款机"一样,而儿子只会向自己索取。

我提醒孩子的父母,如果父母不能和孩子设定好界限并持续好好利用这一边界的话,那他们是不能指望孩子理解关系中的界限然后加以利用的。有一次我让他们一家都参与了咨询。我给孩子设定好界限以后,孩子转头看向自己的父母,然后说:"你们谁,快把我从这里拉出去呀!"

 无规矩的育儿

我们在《遇见孩子,遇见更好的自己》*Intentional Parenting* 一

书中谈论建立关系还有维护关系的重要性。在真正践行的时候，我们非常小心，标注了我们并不是支持"伙伴式育儿。"我们不是建议你要和孩子成为朋友。他们想让你成为家长，一位优先考虑关系的家长，一位能够坚决拥护"没有规矩的关系将会招致反叛"的这一古老智慧的家长。如果只有关系，没有规矩又会怎么样呢？如果你想知道，那我就来和你分享一下我的咨询室里一个 8 岁男孩的故事。

家长避免设定界限，因为他们担心自己的孩子可能不喜欢。权衡一下我们到底是想要孩子有责任心还是想要他们开心，这个很重要。我曾经给一个 8 岁的男孩做过咨询。他父母离婚了。他爸爸想成为那种酷酷的爸爸，他同意孩子带着朋友在自己的新家举办泳池聚会。他提供酒水，他给孩子们钥匙。他儿子评论道："一开始，这样很棒。但现在，大多数我朋友的家长都不愿意让自己的孩子到我家里来了，因为他们不认同我爸爸的做法。"

 目光短浅的育儿

取款机式育儿还有无规矩型育儿都是想让孩子开心（或安静）。这些育儿方式都是在做一些短期决定，却会造成了长期不良的后果。

有些两岁儿童的家长向我坦白："我知道儿科医生告诉过我，孩子 18 个月之前最好不看电子屏幕。但有时候，我只想要片刻的宁静。"小学生的家长说："我知道夏天他花了太多的时间盯着 iPad。"我知道有的初中生家长和孩子发生争执，想让孩子关掉游戏机。他们有时候甚至会任由孩子连续玩 3 个小时，只是为了避免争吵。尽管我们目前掌握的数据都认为孩子容易上瘾，他们的脑子很容易受到影响，发育还很不完全，有些我在上文提到过的家长会认同"反正孩子都要去喝酒的。我要接受这个现实，只要告诉他们喝酒以后别开车就好了"这样的观点。

为人父母就意味着总是讨人厌。界限能带来安全感。界限可能不太讨喜，但是对于孩子健康发展来说却很重要。这里的健康不仅是情绪的，还包括社交和精神的。

男孩的边界感垫脚石

我们在讨论男孩这一方面垫脚石的时候，要承认这需要很大的努力，这一点很重要。设定界限需要很大努力，维系界限需要更大的努力。我们能认同这样做再正确不过了，这对于培养孩子尊敬他人、敢于承担责任及早日独立自主来说，也是重要的环节,但首先我们要承认这是一项不小的工程,也是一笔很大的投资。

 言简意赅地说清结果

我们已经为少说话、少表达坏情绪的育儿模式奠定了基础,再用一些时间来养成属于亲子间特定的规则信号,然后加一些可以实现的结果就可以了。不要再开口说"停下来,别不尊重人"这些话你根本就无法用来掌控他。你只要说"我会带那些尊敬别人又有责任心的孩子去参加体育活动"就好了,这样你就有了掌控力。

中间可以穿插一些生日聚会,和朋友通宵玩乐,或者其他任何你儿子可以享受自由的活动。"我会给那些尊敬他人又有责任心的孩子付电话费的"或者"我会给那些尊敬他人又有责任心的孩子一些零花钱",不要空口恐吓、喊叫或是长时间没缘由就剥夺孩子的权利。你只要简简单单,用最少的词语列举一下可能出现的后果就行了。让孩子自主决定下面会发生什么吧。

和孩子试一试

父母间沟通育儿问题

暂停战术不仅能够帮助家长避免多说话或者过分表达情绪而引发的危机,也能加强相互之间的团结。我鼓励家长想一下

第八章 边界感　237

讨论小组成员聚拢成圈，抱团打气的场景。

家长们可以学习运动员和教练是怎么做的。你也可以说："你妈妈和我会先商量一下，过一会儿再回来。"或者，"我先和你爸爸谈一下，今晚我们再给你反馈。"这种设定界限的行为不光能让你安全实现父母双方都知情的愿望，还能创造机会练习一下自我管控。

有一点值得注意，这种行为不限于婚内父母使用，我鼓励离婚父母也定期这样交流。如果孩子知道即便父母离婚了还是会聚在一起谈论孩子的纪律和权利的话，他们会茁壮成长的。我曾经为那些离婚的父母做过咨询。那些在婚姻期间当着孩子的面因为育儿问题发生争执的父母，只会给孩子造成额外的负担，让他们承担更多不必要承担的责任。相比之下，那些离异的夫妻一起育儿的效果要好很多。

如果你读这本书的时候是离异的状态而孩子的另一个家长又拒绝和你合作，也不想和你交流，你可以考虑一下请第三方参与协助实践这些有效的育儿步骤。如果你的前配偶拒绝和你一起努力，你可能要考虑重新调整一下策略，避免让孩子长期处在父母双方的拉锯战中。每当看到父母之间长期的情绪拉锯战给孩子带来伤害时，我都痛心不已。

那些孩子的父母不愿意搁置自己的情绪以及彼此过往的经

历,扮演孩子期待的父母的角色。

 达成约定

我提倡家长和男孩还有年轻人之间达成约定。男孩是视觉型及体验型学习者。让他们写出自己的希望还有期待的结果对他们非常有帮助。我建议约定内容别超过一页纸的长度。一定要记住 KISS 原则(Keep it Simple, Stupid. 尽量简单易懂),让约定清晰简短。不然孩子会不知所云。别说"每天早上要记得叠好自己的被子",而要简单表达成"铺床叠被"。别一整个段落都写尊重,只写"尊重每位家庭成员"或是"尊重他人"就好。

和孩子试一试

约定不仅规定好了界限,也能为男孩今后的人生打下基础。人的一生都和约定有关。我和银行约定偿还贷款,我和电信运营商 AT&T 签了手机合同,我和明日之星咨询中心签订雇佣合同后才有了一份工作。我买车的时候签了合同,我还开设了一个支票账户,还有很多类似的事情。训练孩子签订合同,然后按照条款约定执行对他来说是一项一生受用的技能,也是重要的社会情感发展里程碑的垫脚石。人在年轻的时候如果能养成很强的自律意识,那么他们成年以后的生活将更加快乐、更加健康。

女孩更容易被界限问题困扰

大卫为"男孩与界限"这个话题做了详实的分享。女孩们同样也需要这样的边界。她们也需要结果、约定还有一系列的框架约束。设定边界会让她们感到安全,因为她们知道自己并不是这个房间里最强大的人。界限也会帮助女孩拥有安全感,学会承担责任,这一点和我们在"责任感"和"智慧"这两个章节中谈到的内容有些相似。

不过,我(赛西)在这里想要说的是,我认为很多父母可能会自然而然地偏袒女孩一些。"男孩到底是男孩",这一句就成了很松散无力的表述。我们希望女孩们收获安全感,能对自己负责。因此我们对女孩的要求相对而言反而应该更加严格一点,对女孩的期望更多一些。就像之前我们提到过的,妈妈们，可能、也许、大概会对自己的女儿更加严格一些，因为妈妈把女儿当成自身的延续。

因为这些问题的存在，也因为女孩天生的构造和男孩不同，我将从不同角度分析女孩与边界感的关系。我觉得我们天生就更加专注给男孩划定界限。我也很欣赏大卫在这方面展现出来的智慧，但是我觉得女孩在设定界限这一问题上，特别是她们在处理各种关系上，更加容易受到困扰。她们需要有人帮助才能确定自己应该在哪里结束，而对方又应该在哪里开始？自己怎么做才能既维持人际关系又能保持自己的个性呢？连自己都觉得不安，又怎么能确保自己的友谊很安定呢？

我还要深入探讨一下不够和太多这一连续体。这是我们在第一章"情绪词汇"中曾提到的。有些女孩趋向于一边，有些女孩则趋向另一边，还有另外一些女孩在两者之间徘徊。很可能，我们已经做得太多了，但是心里还是觉得不够。也可能我们在觉得做过了以后又退到了恰到好处的状态。但是我认为，正是这种不确定性，以及缺乏自我接纳的意识，才使得女性认为划定界限很难。

我要在此暂停一下，谈谈有关界限的问题。无论是作为个人，还是作为咨询师，我对这一基本概念很迷惑。但我确信，如果好好加以利用，界限感对于孩子是很有必要也很重要的。

但我也相信，在这个充斥着各种疗法的社会里，界限很容易被伪装起来，被人操纵利用，给人带来伤害。我相信有很多伤害都掩盖在"界限"这一概念中，常常伴随着那些难以相处的关系，或是让生活一团糟的人中，也就是现实中我们的生活中。

我不得不时常和他人划定界限。我很肯定，别人也和我划定了界限——不管我自己是否知道。我相信，在别人一而再再而三伤害我们又不能听到我们心声的时候，界限是必不可少的。但我一直坚信，我们应该先试着去沟通。我相信我们还是有能力去爱别人的，即便相隔遥远。我相信原谅和宽容的力量，就像我相信界限的力量一样。我相信我们都迫切需要恩典的降临。==我相信我们生活在公正与仁慈的平衡之中，真理存在于爱中，力量存在于善良中。我们有责任帮助女孩避开人生道路上的绊脚石，建立起强大的、善良的、真实的、充满爱意的、公正和仁慈的界限。==

女孩的边界感绊脚石

 **不够好**

在 16 岁以前，我都是家里唯一的孩子，当我的父母说："给

你一个惊喜吧！"然后就开开心心地颠覆了我的世界，我有一个小妹妹啦！直到那时，我父母都做得很好，试图让我通过友谊培养自我意识还有互惠关系。他们安排了很多游戏聚会还有睡衣派对。我通常对此表示热烈欢迎。每当有孩子来我家玩的时候，我就表现得很兴奋。我们一起吃零食，玩了一会儿，然后我就偷偷跑出去找我的妈妈，问她："和安珀一起玩很欢乐。但她什么时候回家呢？"我每次都这样故技重施。我坦诚地思考，认真地回顾过去，才觉得那样做可能是因为我不知道如何划定界限。

朋友来玩的时候，我试图让他们开心。我试着玩一些他们喜欢的游戏，交谈，一起放声大笑，试图表现得有趣又善良。我说不出口自己真正想要做什么，不然他们会觉得我太霸道；我也不能说自己内心受伤了，不然他们可能就会觉得我很刻薄；我也不能安安静静地，或者让对话中断，不然他们可能就会觉得我很无趣。我要维持一切顺利运转——很大可能是因为，如果我表现出了真实的自我，他们可能就会觉得不想和我交朋友了。但是过一段时间以后，我就不那么想了。我花了很长的时间试图掩盖我的"不够好"，我也累了。我已经准备好让他们回家，然后我再做回我自己。

对于那些认为自己"不够好"的女孩来说，她内在的信念是这样的：

我不够幽默。

我不够有趣。

我不够漂亮。

我哪一方面都不够好。

你可以自己填空完成这样的表达。几乎所有女孩都有不同程度的"不够好"信念，但对于有些女孩来说，"不够好"太强大了，足够让她们保持沉默。

这些女孩所面临的真正危险是她们无法想像有界限。因为她们甚至不知道如何表达自己的观点，她们不敢和别人当面对质，她们绝口不提自己的思想以及感受。她们花费太多时间假装出善良的一面，可她们却忘了如何真诚做人。她们想要取悦别人的欲望已经阻碍了她们划定界限的能力。在这一过程中，她们只能丢失自我。

最近我和一群高中女生探讨了她们对于"不"这个字的使用情况。大多数女孩，尤其是大家认为很善良的女孩，在使用这个字的时候挣扎万分。她们觉得累的时候，拒绝参加朋友聚会也不要紧的，不向别人借阅笔记也不要紧的，或者指出班里有同学说话粗鲁也没有关系的。她们只是不知道如何表达，无法开口说出"这就是你和我之间的界限，我不允许你越界"这样的话。拒绝可能会让人觉得她们缺乏善意，甚至觉得她们有点刻薄，或者说她们并不关心他人。这样看起来就很难堪。

她们很害怕。就像一个女孩曾经说过的话："我紧张的时候总是说，好的，好的。"我们一定要教会女孩说"不"，这样是为了她们好，为了让她们远离那些可能伤害她们或者利用她们的人。

几年前，一个母亲带着自己9岁的女儿来见我，想要接受咨询。她11岁的儿子正在接受大卫的咨询。她进来后，坐下就开口说："事实上，我女儿不需要接受咨询。她来这里只是因为自己的哥哥来了。他没有界限意识，经常对妹妹发号施令，试图一直控制她。他甚至每天早上还去妹妹的房间里，替她选好上学要穿的衣服。我想让她和你谈谈的原因是她好像对此没有任何意见，任由哥哥摆布。我想让她学会对哥哥说"不"。如果哥哥不尊重她的话，我想让你教她，可以对着哥哥的鼻子来上一拳头。"然后她说："我想让她知道，如果哥哥不尊重她，她是可以朝哥哥的脸上打一拳的。如果她到了青春期的时候，有男孩子在汽车后排座位上这样对待她的话，那她也可以这么做的。如果她拒绝，那个男孩又不尊重她的话，我想让她有勇气对着那个男孩子的脸来上一拳。"

我不得不说，这是我第一次也是唯一一次听到父母说这样的话。但是我对这些话语背后的意图却充满了敬佩之心。这个母亲想培养孩子的界限感。她想让女儿表达自己的观点,捍卫自己的利益。母亲想让女儿知道她自己足够强大,能保护自己,能面对自己的哥哥,也能面对那些说她不够强大的人。

善良的女孩是有界限的,她们可以做自己,也可以安静不语。她们不需要取悦别人。她们可以说"不",不用担心自己显得刻薄。这些女孩需要界限来保护自己的安全,让自己感受到强大的力量。她们能在这些界限之中感受到善良,这部分的内容我们后面还会继续谈到。

我们希望女孩们相信自己已经足够强大了,能表达自己的观点,分享自己内心的力量。你的女儿已经足够强大了,不管她自己是不是相信,她需要从你口中听到这个事实。你要大声告诉她,还要反复、多遍地说,她还需要你在自己的生活中为她做出示范。

 过度分享

当我和接受咨询的高中女生说到界限问题的时候,她们中有一个人立刻开口说:"我是一个分享过多的人。某天,我在想,有没有什么是发生在我身上,而我又没有告诉大家的呢?没有,我不管是什么,都和盘托出了。我话太多了。我觉得自己只是享受大家的注意而已。"

我很高兴，这个女孩很自觉，能意识到自己属于那种"过多"的类型。她过分热爱分享。她很善良，也很有趣，但是她不知道如何确定界限："这是你我之间的界限，但是我会开开心心地越界。"很伤心的是，我就那么看着她的朋友渐渐抛弃了她。有时这些情况会发生在"太多"类型人的身上。她们说话要么声音太大，要么说得太多；她们会夸大故事和情感，不管是悲伤的还是快乐的；她们强烈希望引起他人的注意，特别迫不及待地想要得到关注。她们越界也是因为内心不安。"过多"事实上就是"不足的"的另一面。如果我不表现得很滑稽，或者讲话大声，或者不故意寻求关注的话，别人可能就不会注意到我，我们希望这些女孩更加自信一些，不管她们在什么地方都能做到足够自信。有时候是在聚会时，有时候不是。她们不用成为整个聚会的焦点，也不用过度分享。有时候，就是那种"太多的感觉"才让一段关系适得其反。

我认识一个小女孩，我觉得她就属于"太过"这一类的。她的父母对此深有体会。她要么一直唱歌，要么一直哭喊，要么就是头上一直戴着大大的填充玩具，有时头上甚至戴着内裤（上周就这样）。她的父母感到心力交瘁，她在朋友关系上也很是挣扎。在我安静的办公室里，她私下和我坦白："在学校操场上,其他孩子不愿意和我一起玩。她们觉得我很奇怪。我只是想逗她们开心,这样她们可能就会成为我的朋友。"

对于青少年来说,这种"太多"的感觉就显得更加复杂了。大脑发育只会让这个问题更加复杂。

劳安·布里曾丹(Louann Brizendine)博士是《女性大脑》(*The Female Brain*)这本书的作者。她认为:"鉴于青少年的大脑会经历很大变化,特别是对激素变化特别敏感的区域,青春期可能对于很多女孩来说是一个非常容易冲动的时期。""女孩的荷尔蒙会随时破坏前额皮质功能,引发过激情绪反应和失控行为,比如大喊大叫、摔门等。这些行为在我们家被称为情绪崩溃"。

在青少年时期过度分享者可能是过度感受者和过度爆发者。他们在情绪崩溃的时候,就会丧失界限感。很多女孩和我分享了下面的话:

"我觉得自己比其他女孩哭得都多,这太丢人了。"

"我发出的声响比大多数朋友都大。有时候他们说还挺喜欢这样的,但有时候,他们说我这样太烦人了。"

"我自己犯傻的时候,就会注意到屋子里每个人都在盯着我看,而且是不怀好意的那种。"

那些"太过"的女孩希望得到关注,这就是为什么她们总是把事情闹大。但是在感觉良好和感觉尴尬这两种关注之间存在着一个细微的界限。"他们一开始的时候和我一起笑,但是我不知道从什么时候开始,他们不再和我一起笑,而是开始嘲笑我了。"对于一个受到"太多"感觉困扰的女孩来说,自我意识觉醒的时候可能会有羞愧的感觉。她们有听众,可是却无法和这些听众增进亲密关系。

相比那些"不够"型女孩,一个受到"太多"困扰的女孩能表达自己的观点,但是她的声音通常会盖住自己周边的人的声音。如果她陷入冲突的话,她很可能会直截了当地告诉另一个女孩自己内心的想法。她不太会想着取悦其他人,她在想办法逗她们笑,或者表达自己内心的想法,或者她太冲动了,根本就没有动脑子。她会叫喊着"我不想再和你做朋友了",说过以后又后悔不已的。她在年纪还小的时候会骂人,年纪大一些以后又会发出一些怒气冲冲又伤人不已的信息。她在和人沟通交流的时候越来越无力。她需要他人帮助,才能增长善意。

告诉你那受到困扰,觉得自己不够好的女儿,她其实很棒了。帮助她,让她明白自己不用喊得大声、哭得更响才会被人听到,或者说,被人喜爱。她已经很好了。她需要有人不断地告诉她这些真相。这样的声音应该比女孩自己的声音还要大。而且，她要学会表达自己的界线。

被动攻击型人格障碍

"我不是想故意冒犯你，但我们的友谊就像一朵枯萎的花。"一个五年级的女孩告诉我这是她的朋友在午餐的时候告诉她的。我也不确定她那个朋友是"太多"还是"不够"的类型。但显而易见，那个人一定患有被动攻击型人格障碍。

这就是大部分女孩在处理冲突时采取的方式。好吧，可能她们也没有那么过分，需要用"枯萎的花朵"作为类比，但她们并不知道如何直接表达自己的情感，所以就这样变相表现了出来。她们要么把自己想说的话藏在"无意冒犯"或"开个玩笑"这样的表达之中，要么不通过言语表达，而是通过行为偷偷地惩罚对方。"我无意冒犯，但是切尔西我不想和你做朋友了。""你穿这件衣服真的看起来很糟糕，只是开个玩笑！"

或者那些人不说一句话，只是忽视别人，捣乱破坏，做一些伤害别人的事。所有了解过被动攻击性行为的人都明白，这种行为的问题就在于其毫无用处。被动攻击型人格障碍通常表现得很刻薄。或者，这种行为也会被接受它们的人所忽视。不管怎么说，谁能明白说出"枯萎的花朵"的女孩想要说什么呢？

　　帮助女孩了解社交关键期是为了帮助她们打好基础，形成健康的关系。无论是在家庭中还是在工作中，意识、互惠还有责任感会让她们在未来的每一段关系中受益匪浅，界限也是。很遗憾，很多女孩即便成年以后也没有学会如何设界限。

　　在养育女孩研讨会上，我介绍了设定健康边界的重要性。那时候，我会给听众留下如下感慨："如果我们年轻的时候，学会建立合适并且有益的边界，那么现在我们的生活也许就会全然不同了吧。"在座的女士，几乎每一位都情不自禁地点头。

　　当你帮助自己女儿放下被动攻击性人格，努力通过自信还有善意表达自我的时候，就是尽到了一个好家长的义务。事实上，你这么做也帮了她的另一半，还有她的朋友们和同事们。你给了她一个工具，让她能在界限里面收获力量和安全感。这种界限能让她自由发声，自由表达爱意。你帮她建立了界限，这样会一直让她认识到自己已经足够好了。

女孩的边界感垫脚石

 力量与善良

力量和善良,这是我在和女孩谈论界限的时候,用得最多的两句话是:"我很想和你一起玩,但是如果你这样对待我,那我们免谈。""我很想和你交朋友,但是我的朋友不会那么做的。"

被"太多"的感觉困扰的女孩也很难获得力量。同样,她们也很难表现出善意。我们希望女孩学会准确衡量这两种特点。

我在写这一章内容时,确实是在绞尽脑汁想一个例子或一则故事,比如某个小女孩依靠力量和善良解决冲突的故事。可是我想不到,这样的故事几乎没有,而且也很难出现。

那现在我就告诉你一个 97 岁"小女孩"的故事。这是别人告诉我的。这个"小女孩"的家人都亲切地叫她"Ma"。

Ma 脾气古怪,每天都戴着珍珠,穿着运动夹克。她喜爱唱歌跳舞,还让已经上大学的孙女坐在她的大腿上。这样她就能唱歌给她们听。她的家人会在去佛罗里达州度假的途中停下来,专程拜访她一下。

我先和你们描述一下这趟旅程,再来继续说 Ma 的故事。有三个女孩和父母一起去迪士尼公园。感谢一下这位爸爸吧,带着他的"四个女孩"（也包括他太太）去迪士尼玩。和那么多女孩一起旅行能让任何人都热血沸腾。她们一路上都欢声笑语，情绪高亢，青春洋溢。当然还有那些大包小包数不清的行李。Ma 是那个父亲的岳母，Ma 对自己的女婿，说："亲爱的儿子，你那么英俊，那么聪明，又有爱心，一定不会在这趟旅行中发火的。我只是提醒一下你。但如果你真的发火了，我会来帮你收场。"男人回应道："好的，妈妈。"面对 Ma, 还能怎么回应呢？

Ma 做得很好，和自己的女婿分享了什么是力量和善良。她肯定了女婿的行为，也提醒女婿别忘了自己是什么样的人。然后她时刻让女婿记得自己的那些品质，善良还有力量。界限这个东西，Ma 花了 97 年才真的学会。

我希望听到更多这样的故事。女孩们不断摸索出这些界限。我相信，在现实生活里，她们没有界限感是我们的错。因为我们自己没有好好利用界限。我们要么不说话，要么就在生气的时候放声大喊。我们需要给女孩展示自己在人际关系中形成的健康的界限。我们要给她们提供工具，帮助她们建构自己的界限。我们要教会她们拥有力量和善良。我们还要为她们提供一个榜样，让她们知道如何利用这两种品质与人交流。

优秀的表达模板

"我不知道怎么和人交流。"不计其数的女孩在咨询时跟我说过这样的话。各个年龄段的女孩,事实上,是女性,不单单只有女孩。

坦白说,有时候我也不知道怎么办,但我有一个朋友知道怎么办。这几年来,我看着她如何面对自己的朋友、丈夫,还有任何跨过她那么强大善良边界的人。

我记得她刚刚生了孩子时,我打电话去问,她出院的时候我是否可以为她带一顿饭去。"你太好了,我很高兴,明天见,期待哦!"她让我心情愉悦,我甚至不知道她已经设定了界限。她的一个朋友说了一些伤人的话后,她说:"我知道你是有口无心的。你真正想和我说什么呢?"你注意到了她的言语了吗?她总是往最好的方面想。她认为大家都很友善,会做正确的事。她假定她们是无辜的,即便她自己有时也不太确定她们是不是值得自己那么做。

这几年我从这个朋友身上学习到了很多东西。现在,我在自己咨询的时候也那么做。我会说:"我知道你们会尽己所能帮助自己女儿渡过这个难关。鉴于此,我知道你们不会故意让孩子为难,或者对孩子爸爸说孩子的坏话。你们都知道,这样会伤害孩子的。"即使我自己很不确定,也会坚定地说情况就是这样的。我会通过语言,引导她们走进友善之地,而不是带着她们走进充满指责的地方,设想着每件事都坏到了极点。

和你的女儿聊聊,让她学会往好处想事情。

"可能,梅瑞狄斯不知道她的话让你伤心了。"
"为什么不和艾立森说呢?我觉得她想要知道。"
"我敢肯定,艾丽生活中一定发生了什么事情,她才会那么伤心。"
"为什么不和她谈谈呢?我来帮你想想怎么开口。"

积极的界限总是设想最好的情况。雷切尔·西蒙斯(Rachel Simmons)在自己的《好女孩的紧箍咒》《好女孩的诅咒》(The Curse of the Good Girl)一书中总结了"健康解决冲突的四个步骤"。她和我的担忧如出一辙。女孩不愿意发声是因为她们不知道如何发声,她们不知道那些词汇。我们可以帮助她们:

第一步:肯定关系。
第二步:使用"我"作为句子主语。"当_____的时候,我觉得_____。"

和孩子试一试

第三步：表达自己的歉意。"对不起，我＿＿＿＿。"

第四步：询问如何一起解决。"我可以＿＿＿＿。你可以＿＿＿＿吗？"

换言之，大概对话如下所示：

"梅瑞狄斯，我很高兴我们是朋友，但是当你把我一个人留在操场上的时候，我很难过。对不起，我昨天在操场上当着亚历克斯的面嘲笑了你。以后我不会当着别人的面嘲笑你了。以后你有什么活动能叫上我吗？我想和你成为好朋友。"

或者，青少年版本可以是这样的：

"奥利维亚，我们是老朋友了。我很看重我们的友谊，但我听到你和艾琳说起我的时候，我很伤心。对不起，最近，我表现得不像你的好友，也没有尽力去维护我们之间的友谊。我会继续努力的，但是你在和别人说我的时候，能先和我聊聊吗？这对我而言真的很重要。"

很多女孩自然而然会添油加醋，把情况说得很复杂。教会她们清除敌意，帮助她们找到表达自己内心的声音，借此巩固关系，不要破坏关系。她们需要一个优秀的表达模板帮助自己解决冲突。她们需要从我们这里获得界限方面的经验，既要坚强又要善良。但更重要的是，她们需要一个理由才能首先获取这些界限。她们需要得到最起码的肯定就是，自己已经足够优秀了。

 足够多的肯定

我们会在自家的菜园里给番茄围上篱笆，这样鹿就不会破坏它们了。这是因为我们珍视番茄。我们在自己家周围设定好了界限，是因为里面的房子还有土地对我们而言很重要。我们给那些对自己来说很重要的东西设定界限。很多女孩没有界限，这是因为她们觉得自己不重要。她们觉得别人更重要，更受人欢迎，更聪明，更漂亮也更有趣。如果你的女儿现在相信有些人比自己要重要，我们就要教她们一些不一样的东西了。

询问你的女儿如何评价自己，她觉得别人会如何形容她，她觉得自己在不够和太多之间，应该属于哪个类型。她为什么会这么想？在你和她交流的时候可以问一下这些问题。我们向孩子说出父母心目中她们的样子对她们的影响，比她们自己心里所认为的那样还要大。帮助女孩认识自己的价值。我们想让她们知道，她们已经足够优秀了。

《纽约时报》畅销书作者安妮·莱莫特（Anne Lamott）说："我们发现自我，成为自我，开始于我们注意到自己天生的模样。那时我们才真正、完全、神奇地了解自己。唯一的问题就是除此之外，还有很多其他的因素。其中最典型的就是别人怎么看待我们，如何获得更多能让我们觉得快乐的东西。真正的问题就在于我们如何真正摆脱那个虚假的自己，我们如何才能停止取悦和讨好他人，停止对权力和宁静无休止地追求，驱散过往伤痛的困扰，在精神上摆脱司芬克斯的束缚，不让自己越来越渺小，越来越受限。"

听起来很像那个我在讨论的女孩对不对？她继续写道：

"我是这样成为我自己的。我在闺蜜的陪伴下，经历了混乱、失败、失望，我们一起读了很多书，心理上也充满摇摆不安的感觉，还有迟疑不定的状态，还遭遇过一些挫折，同时受困于上瘾，经历过公众羞辱，还和朋友间不断争吵。我也经历了丧失自己挚爱的痛苦，与自己喜爱的宠物分离的痛苦。我还遭受了背叛，但是同样也收获了更大的忠诚。我最后选择了威廉·布莱克的话作为自己的做座右铭——我们都是来享受爱的光芒的。"

小结

即使那些自己所希望的事情没有发生，可是真正的界限也会因为孩子拥有肯定感觉而形成。你的女儿可能不知道别人有多么爱她，但你可以感受到这个深刻的真相；你的儿子可能并不知道自己有多优秀，但是你可以告诉他。

我想让自己的孩子形成强大又善良的界限。我们想让他们足够自信，能够珍视自己的价值，也发现别人的价值。界限会实现这两个目的。他们会说：

"这是你我之间的界限。我很尊重我们彼此，一定会好好遵守和维护这个界限的。"

"我想和你成为朋友，但不是你现在这样的时候。"

"对不起，我愿意弥补，你也能出一点力吗？"

"自己希望的事情一定会发生"，这样的信念是我们要告诉孩子的。孩子在向他人表现爱意的时候，也能尊重自己。这两者是可以兼得的。这样既能体现出力量与善良，也能确保自己的希望能实现。

接下来的精神发展关键期能给我们带来真理，能让真理在我们家里得到体现。这个话题我们接下来会谈到。这部分内容可能是全书中最重要的部分。我们想让孩子在成长过程中知道自己足够好，有人爱着他们，他们已经找到了自我。

设定边界感的家庭练习

1. **回顾**。让你的孩子说出自己遭遇的社交冲突,让他们写下健康解决冲突的四个步骤。
2. **练习**。进行角色扮演。让孩子和自己的朋友练习如何设定正确的界限。
3. **玩耍**。用娃娃或者填充玩具和你的孩子一起表演一场冲突。可构想两种不同的场景,一种场景里情况会改善,另一种场景里情况会恶化。可以这样示范一下积极界限的好处。
4. **反思**。问一下孩子怎么做才能改善这种场景。
5. **观影**。读《绿山墙的安妮》(Anne of Green Gables)这本书,或者观看同名电影。讨论一下,为什么安妮既坚强又勇敢。观看《真情电波》(Radio)这部电影。讨论一个男孩目击了不公正的事后,设定界限对他来说意味着什么。

6. **谈论**。和你在读小学高年级或者初中的孩子一起阅读李·伯恩斯（Lee Burns）和布拉克斯顿·布雷迪（Braxton Brady）写的《飞行计划》（Flight Plan）。运用书中每章最后的问题随机开始对话，交流有关身体界限、异性界限的问题。
7. **给孩子提供一些工具**。《美国女孩》（American Girl）里有一系列实用的建议。其中的《聪明女孩指南》（Smart Girl Guide）涵盖了友情的各种情景。
8. **使用你自己的界限**。列一张表格，写清楚孩子越界以后会受到什么惩罚。这个清单会帮助你利用理智育儿，而不是全凭情绪育儿。
9. **获得反馈**。和老师交谈的时候，除了获得孩子的学业情况反馈以外，了解他们眼中观察到的孩子的社交能力情况。他们会通过完全不同的视角观察你的孩子，而学校又是孩子社交的主要场景之一。

身份意识
价值感

第三阶段

精神发展关键期

03

青少年时期的困惑就像在黑暗中摸索着学习走路一样,但是伴随着迷惑的觉醒时刻可以转化为学习看到的过程。因为黑暗,才让光明拥有强大力量。黑暗向我们展示,我们多么急需光明。

第九章　身份意识

　　这一关键期和孩子青春期关系最近，青春期中的每一件事都是极其混乱的。这里所讲述的内容也与这些情况有关。

　　青少年的生活状态印证了"活在当下"。事实上，他们正常的发育状态像极了注意缺陷多动障碍的很多特点。我朋友的一个女儿和我描述了她自己的状态。她觉得自己脑子里有两个时间框架：现在和非现在。青少年的情况也是一样的。所以在这一章中，我们将走进孩子们的大脑，从他们的视角来观察生活和精神发展的关系。在经历过所有的绊脚石以后，就不再等待垫脚石来临了。在他们的脑子里，还有在我们和他们相处的经历里，也并不都是那么直接的对应关系了。这种关系更像是先有一块垫脚石，然后有一块绊脚石，接下来的一块既可能是垫脚石也可能是绊脚石。生命在这一阶段是最没有逻辑可以讲的。

这一阶段具有很强的迷惑性，对于你们来说如此，对孩子来说更是如此。但这一时期也很深刻。他们生活在矛盾之中，他们的优点和缺点互相交织在一起。

还未进入青春期之时还有青春期的早期阶段，他们身上满是优点也尽是缺点。他们内心和周遭既有好事也有坏事发生，但是也不能对我们说的话就深信不疑。看看我们的朋友八年级的女孩伊丽莎白的例子吧。

亲爱的梅丽莎：

我写信来只是想告诉你已经很久没有和你说话了。八年级非常有趣！整体说来，八年级真的好棒。虽然有一些地方还是很艰难。我的小狗吉迪恩（Gideon）去了汪星球。我承认自己挣扎过。但你知道是什么帮助我度过了这段情绪吗？是你在上次的夏令营说过的话。虽然我很不情愿，我还是让自己度过了这次情绪的起伏期。不管怎样，我们总是要继续向前看的。我有很多挚友，学习成绩也很好，我还喜欢宠物。我想在圣诞节的时候得到一只小狗作为礼物。我觉得爸爸会实现我的愿望。你最近过得怎么样，最近开心吗？哦，还有呀，我在霍普顿交到了有生以来最要好的朋友。那个女孩子名叫梅根。她真的是我见过最好的人了。她总是在我身后支持我。她对我最好了。还有一个姑娘叫阿什利，她永远活力满满，朝气蓬勃。她还邀请我一起去了泰勒·斯威夫特的演唱会现场，我们尽情享受了一番。卡拉也很棒，事实上她很甜美。我叫不全所有朋友的名字。朋友太多了。我很爱你，希望很快就能见到你。

伊丽莎白

附信：

我和一个男生是朋友，他很好，我妈妈也知道，而且我之前提到的那个活力满满的朋友阿什利说她会"保护"我们的。这基本上就是说，她想让我们成为一对。哦，还有我的朋友梅根喜欢一个叫大卫的男孩，我们称他们为"梅卫"。

哇，我基本把自己所有的情况都告诉你了。不管怎么说，我们还是继续说回"梅卫"组合吧。有个姑娘叫玛利亚，大家也叫她"鲨鱼"。她正在挖墙脚，试图抢走大卫。这让我很不开心。我知道这看起来很傻。但是这件事确实让我的朋友很苦恼。

向你比心
伊丽莎白

伊丽莎白给我写的那封甜蜜的信里展现了很多东西。她能够深刻感受身边的人和事物了。她交到了目前生命中最棒的朋友。你能在这些词汇下面发现她渴望与世界建立联系，试图理解周围的事物。她想要同时完成这样两件事情的能力也得到了深化。

我还没有找到机会给伊丽莎白回信,其中很大的原因是我在写你们正在看的这本书。但是我会回信的。下面先预想一下我要对她说的内容。

亲爱的伊丽莎白:

谢谢你的来信。我很开心你告诉我,自己的朋友对你来说很重要,还有他们能给你带来快乐。我很想深入了解这位愿意"保护"你的朋友。关于吉迪恩(小狗)的遭遇,我很遗憾。我知道你非常爱它,我也知道你的内心感触很深。

梅丽莎

就像我们之前说过的,青少年是活在当下的。他们生活中的每件事物都转瞬即逝,甚至是一触即发的。在这种转瞬即逝还有一触即发的特性之中,他们很容易就陷入自己身边的人或事中(大多数是他们的同龄人),还有自我忙碌的迷局之中。他们自然无法反思或者回顾。他们总是处在当下的位置上。他们更习惯朝着自己的"船"看过去,才来决定他们自己是谁。他们不能思考自己的身份,也无法决定自己的身份。这一前提当然是如果他们还有身份的话。

一个青年人进入这一阶段的时候,如果没有一点自己身份的意识，那他们在通向精神发展的道路上将会找寻得特别辛苦。精神发展需要反思。这就要求他们至少有一些勇气能够回顾一下自己的言行。

因此，他们需要知道自己深受他人喜爱，是独一无二的。我们想要帮助他们巩固基础，这样他们才能发现这个特质。在这段青少年时期，他们越试图证明这一点，就越容易迷失自我。他们需要获得一种身份，这样才能促使他们朝着精神发展前进。

我们想让他们能够发现更多东西。我们想鼓励他们提出更多问题。我们想让他们有勇气去反思，去审视自己的内心，找到自己的精神信仰，那种能和自己青少年时期心里所唤醒的东西相匹配的东西。

"绊脚石"和"垫脚石"总是同时出现的青春期
觉醒和迷茫

"相比抚慰我的心灵，你的慈悲更强大。神奇的力量用心感受才能触发。"这句歌词来自《你的慈悲》这首歌，是由约翰·斯托克（John Stocker）还有我们的朋友桑德拉·麦克拉肯（Sandra McCracken）写的。我们在夏令营的时候经常唱。特别适合那些刚刚发现自己精神信仰的孩子。你还记得自己第一次发现自己的精神信仰是在什么时候吗？你第一次发觉需要用精神信仰解决问题又是在什么时候呢？

在我们的《镜子和地图》(*Mirrors and Maps*)这本给11~14岁女孩子阅读的书里，赛西和我把这一阶段的孩子比作《绿野仙踪》里面的女孩。你还记得桃乐丝还有（小狗）托托的家被卷到飓风里的场景吗？房子落在地上以后（其实房子落在了西国女巫的身体上了），桃乐丝打开门看外面发生了什么。她没有在堪萨斯的平原上，一切也不是那么清楚。她走出房门，看到了五光十色、闪闪发亮、奇迹不断的奥兹国。这一切一开始就让她应接不暇。青少年时期对于你的孩子们来说也是这样的。他们也会在纷繁复杂的情绪、荷尔蒙还有关系中不知所措。然后他们会碰到龙卷风，一遍又一遍，来来回回。这几乎成了他们日常生活的一部分。他们青少年不再只生活在非黑即白的世界中。生理上看，荷尔蒙已经涌入了他们的大脑，引发了身体的变化、情绪的波动还有性的冲动。他们在一天之中能感受到一百万种情绪。他们会因为某些自己不太理解的原因就感到悲伤，同样他们也会莫名地感受到喜悦。他们能够意识到自己身边的关系在慢慢形成，自己也在从身体、情感甚至精神上构建新的世界。

一般来说，女孩到达这个阶段的时间比男孩要早一些。这时候女孩的发展要比男孩更加迅速。通常，女孩在 8~13 岁发生改变，男孩要在 9~14 岁才开始这个过程。在这些年里，男孩和女孩都会有很多变化和差异。

丽萨·米勒（Lisa Miller）说："对于女孩来说，青春期的外在是她们内心变化的表现。"她描述了青春期男孩还有女孩发生的"精神激增"现象。她继续说道，激活这种激增现象的荷尔蒙在他们的大脑里，也同样能够激发他们的性成熟。我们在这几年里看到的男孩女孩外在的变化其实是他们内在变化的反应。

这种精神激增显现伴随着心智上的觉醒。他们开始有能力使用新的办法来思考事物。他们能利用理性，他们也能处理信息。刚刚过去的这一个暑假，我和 30 个七到八年级的孩子在夏令营里。我们的课已经上了一个半小时了，其中一个孩子举手提问。一个问题带出了一堆问题。其他人都已经退出教室去准备午餐了，因为按照计划来说我们拖堂了（推迟吃饭对于青少年来说是个很大的挑战），但他们一直在问问题。我们的课拖堂了 45 分钟，话题也从天文地理谈到了恐龙研究。很多孩子提起这次拖堂的时候都认为那是最激动人心的一次野营经历。相比从前，他们想得更多、感受得更深、体验感也更强了。

哈佛医学院和波士顿麦克林医院的黛博拉·尤尔格伦－托德（Deborah Yurgelun-Todd）进行了一项关于青少年和成年人

大脑差异的研究。当志愿者们在核磁共振仪器里时，他们被要求识别几个面部表情。所有的面部表情都透露出某种恐惧情绪。在接受调查的成年人中，所有人都正确识别了这种情绪。在青少年中，只有一半的人识别对了。十几岁的青少年觉得这个任务最难。核磁共振显示，在青少年时期，大脑中控制情绪或肠道反应的区域在核磁共振上更加活跃，而大脑中控制判断力、洞察力和执行功能的区域在成年人中更加活跃。在研究中，青少年知道出了问题，他们只是无法分辨到底什么出错了。他们的大脑反应比他们实际想象的还要强烈。

青少年会被自己内心的变化压得透不过气来。他们在我们的咨询室里会问出下面的问题：

"发生什么事儿了？"

"为什么我经常觉得自己的情绪受伤？"

"为什么我想要拥有那么多东西？"

"我到底怎么了？"

青少年在这一阶段都会感受到来自身体上、情绪上、认知上还有精神上的一系列变化。在这一系列的变化中，他们也感受到了前所未有的饥饿感和渴望。他们渴望建立联系，渴望被人了解，想要和别人建立亲密关系。但是与此同时，他们还处在矛盾之中。他们心里很清楚，自己想要接触的人都是能给自己造成伤害的人。他们也是第一次开始将自己的父母当作会犯错的人。他们的朋友给自己造成的伤害更加明显。他们经常失望。所有的受伤、失望还有渴望，综合到一起，就让青少年对自己的生活困惑不已。

他们需要我们的帮助。他们需要我们来提醒他们，这些感情是很正常的。他们需要借助我们才能明白不光他们身边的人会失败，他们自己也会失败。这一点他们已经很清楚了。他们需要借助我们的帮助才能找到顺利度过这种情况的方法。他们需要我们帮忙，才能发现自己的精神发展更加强大，它能够治愈心灵、疗愈伤痛、满足渴望，甚至能够弥补内心的愧疚感。最终，他们需要我们讲出事实真理，讲述的方式要能吸引他们，而不是不让他们知道。

保护、竞争、比较和准备

"我觉得我女儿不用再参加团体辅导了，她已经能够自己处理一些事情了。她有时候回家，也会替自己小组里的其他人感到担忧，觉得沮丧。我真的只是想让她开心一些。"

"过去几个月，我儿子几乎把情绪挂在袖子上了。他有时候会生气，但更多的时候是伤心。我只是不想让他太敏感。"

"从前我认识的那个阳光欢乐自信的女孩到哪里去了呢?"

这些问题太好了。这些家长所说的话都很有道理。那个昨天你还认识的聪明、活泼、强大又自信的男孩/女孩呢?感觉好像一夜之间,这个孩子就脱胎换骨了。本质上来看,确实是这样的。

就像我们之前已经验证过了,他们在这一时期的改变是开天辟地的。他们的身体、大脑、心灵还有精神都处在深度的混乱状态之中。就像面对生活中的其他混乱一样,我们要么抗争,要么把它当成能够带来深度转型的好机会。

孩子和大人应对这种混乱做出的斗争看起来不尽相同。作为父母或者爱着他们的人,我们所做的斗争看起来更像是一种保护。我们并不想让他们感到伤心或者觉得不安。我们不想让他看起来非常的虚弱。我们想要他们自我感觉良好,感到开心。这两个都是值得践行的目标。但有一个主要的问题:他们不想这样。我再说一遍。他们有很多感受。他们很孤独、很伤心、没有安全感,他们通常自我感觉不好,也不快乐。现在,相比以前,越来越多的孩子受到抑郁症的困扰。这一点很像前面讲的识别恐惧情绪,他们感觉到了有哪些地方不对了,他们也知道这些地方就在他们内心深处,但是他们就是不能理解这到底是怎么了。

他们感觉到了有什么地方不对。我们想要他们快乐，也想让他们知道自己有多与众不同、独一无二。与此同时，我们也想让他们能够进入精神发展这一关键期。可是，我们在这之间就是缺乏一种联系。

当我们试图保护孩子的时候，我们就切断了那条通向精神发展的道路。

这些道路在男孩或者女孩身上的呈现是不一样的。他们有时候会觉得自我迷失，充满迷惑，绝望无助。所以他们也会试图找寻出口。他们试图弥补这些感受还有因此带来的匮乏感。如果你儿女双全，那一定很熟悉这样的感受。男孩会相互竞争，而女孩则相互比较。

男孩觉得自己可能无法达到期待，所以他们就把自己藏起来了。他们把自己认为不够好的东西藏在自己认为很好的东西背后。他们本质上还是争强好胜的。所以在这些安全感不足的时间里，他们的好胜心转换了强度。他们为了维护形象就要一直获胜。他们要将自己装得很强，这样他们内心的弱点才能得到很好的保护。他们一定要在学习、运动甚至电子游戏上击败自己的竞争者。他们一定要领先他人一筹，一定要说出"我早就打败了那个水平的人了"或者"我就算是双手被捆住也能完成那样的一次进攻。"但是他们表现在外的好胜心只是体现了一种对抗，对抗内心强烈的情绪。在这几年中，==男孩子们真正需要的是安全感，还有自由。==这样他们才能承认自己内心的感受。

我们在夏令营里熬夜到很晚。通常到 11 点以后，我们才结束教学。今年夏天，孩子待得更晚了。每天晚上在青少年营的时候，男孩们会先和女孩们告别，走到自己简易的临时住所，完成洗漱后上床，然后他们就开始聊天。第二天早晨，在员工会议上，汤米、亚伦和杰克（他们都是我们男生营地的咨询师）会和我们滔滔不绝地分享自己听到的孩子聊的心情故事。这些孩子会一起坐在临时住所里，一起谈论自己生命中碰到过的伤痛。他们会分享自己经历的那些挣扎时刻。那往往是性别意识不断强化的时刻。那些挣扎时刻如何能让自己觉得羞愧，如何能吸引他们去看电影，一起欢笑和流泪后畅聊了自己的渴望和希冀。他们作为个体的时候，比起在团队里更加强大。这个夏天，营地里的男孩子，比我所见过的他们这一阶段的男孩子，经历了更多的成长，更加勇敢，更具领导气质，也更像一个成年人了。他们用一种新方式重新拥抱了生活。他们放弃好胜心以后，变得更加诚实，也获得了更多的自由。他们有勇气去反思这种蜕变是因为自己有安全感了。与此同时，他们也体会到了被人理解和被人爱的感觉。

一些女孩也经历了类似的好胜心挣扎。但对于很多女孩来说，好胜心是通过比较得到的。她们一直观察四周环境。她们永远无法达到自己的期待。事实上，这几年里，她们连友谊可能都维护不了。因为她们一直在相互比较。佛罗里达大西洋大学的一项研究跟踪了410名从七年级到高中的学生，研究发现在七年级结成的友谊中，只有1%在高中时仍然存在。

这一点也不奇怪。在比较过程中，她们经常觉得只有自己摧毁对方，才能有所建树。一位高中女生最近告诉我："我知道这样很糟糕。但是我在海滩上，穿着泳衣，看到其他女生身材比我胖的时候，我就觉得好多了。"她说得没错。听起来不是特别糟糕。这并不是让她最终感觉良好的方式。就像男孩们一样，只有当女孩们停止比较，开始在安全的地方分享内心感受以后，她们才能变得更加自由，内心才能感受更好。我们也需要帮助女孩，让她们体验不同的感受。

男孩和女孩都需要安全的地方。他们需要这些地方来分享自己的觉醒时刻还有内心的迷茫时刻。他们需要谈论自己不安的情绪，探索自己的愧疚感受。除非他们自己有安全感，否则他们会一直竞争和比较。除非他们能停止自我防御，否则他们永远不会分享这些情绪。

芭芭拉·布朗·泰勒（Barbara Brown Taylor）在她的《学习

在黑暗中行走》(*Learning to Walk in the Dark*)一书中讲述了法国盲人抵抗战士雅克·卢赛兰（Jacques Lusseyran）的故事，他写了一本名为《就有了光》(*And There Was Light*)的书。她讲述了她在七岁的时候因为意外跌落而失明的故事。有人劝说她的父母将她送到寄宿制的盲人学校，她父母拒绝了。

她是这样描述的：

事故发生后不久，卢赛兰的父亲说："当你发现什么东西时，总要告诉我们。"通过这种方式，卢赛兰知道自己不是一个"贫穷"的盲童，而是一个新世界的发现者，在这个新世界里，在他周边外在的光变成了他内心的光，所展现的东西是他用其他方法无法看到的。

==青少年时期的困惑就像在黑暗中摸索着学习走路一样，但是伴随着迷惑的觉醒时刻可以转化为学习看到的过程。因为黑暗，才让光明拥有强大力量。黑暗向我们展示，我们多么急需光明。==愿意勇敢地反思自己能够帮助孩子了解精神发展的重要性。即使在黑暗中也要分享，不要试图在他们面前掩藏一切。我们和孩子交流越多，越能给他们交谈创造空间，他们就越能理解发生了什么。这就是我们帮助他们的方式。

去年我的一个朋友去世了，他有一个还在青春期的儿子。当母亲问儿子过得怎么样的时候，儿子回答道："妈妈，我真的很难过，我失去了最好的'朋友'，但我并没有惊慌失措，因为爸爸已经为我的生活和这一刻做好了准备。"

让我们的孩子做好准备应对黑暗与光明两种情况。当我们给孩子安全感，他们就能分享感受，承认自己的问题，或者用我们在咨询中心经常说的话"承认自己一团糟的时候，那就是让他们做好了准备"。

你处在青春期的儿子和女儿都是一团糟的状态。他们在自己生命之中最关键的时间里还在黑暗中不断摸索。面对自己内心觉醒的一切事物，他们感到困惑不已。请让他们告诉你自己内心到底发生了什么。

鼓励他们交谈，提出问题。我们一起才能发现黑暗能教给我们的东西。

精神关系

今年秋天当湖水退潮的时候，湖底露出很多石块。这些石块和平时铺设在湖底的石块不一样。这些石块用五颜六色的记号笔写满了话，比如"我对妈妈很吝啬""表现得很自私""怒火""随波逐流"等。

这些石头是去年夏天，由7~12年级的孩子们丢进湖水里的。这是我们体验式学习的一部分，也是我训练这些孩子成为合格青少年的方法。我们每年夏天都做类似的事情。

精神发展意味着能在光明和黑暗中都有所见。==精神世界的强大是知道惩罚必不可少的时候，仍体现出的善意，也是他人能看到我所有的缺点却仍然爱着我。==

这种丢弃水果、砸破罐子、抛石块之类的实验性课程，相比营地里的其他课程，更能让孩子们印象深刻。那时候他们就不单单只是听说过精神强大了，他们还体验到了如何让自己的精神强大。他们把深藏在心底的迷惑还有黑暗都拿了出来。他们能够通过这种方式更加深刻地了解自己的精神世界。

小结

一些发展理论家认为，儿童和青少年非常以自我为中心，以至于他们无法同情他人。我们并不那么认为。对青少年来说，精神发展是一个里程碑，在他们青春期发育的早期阶段，我们希望他们知道并体验这种精神发展的过程。

作为一个青少年是困惑的。他们内心和周围都会发生很多事情。这是一个不停受到打扰的阶段。但这种打扰可能会带来蜕变，这样就可以促进精神发展。最终，可以带领他们到达自我价值认同。

增强身份意识的家庭练习

1. **唤醒**。唤醒你的青春期孩子,让他们关注周围的世界。带他们参加慈善厨房活动,或者做志愿者帮助弱势的孩子。和他们参加一次宣讲旅行,让他们看到慈悲的必要性。
2. **发现**。帮助他们找到一处安全的地方,让他们能够表达自己的感受。青年旅行、学校里的小组、特定的咨询小组都可以。帮助他们找到一个这样的地方,让他们能够分享自己内心的困惑,能在共同的善意之中发现真理。
3. **学习**。参加一次性格测试,了解自己性格中的优势和劣势。九型人格测验是我们经常对青春期的孩子使用的一个测试。这是个很好的切入点,能帮助我们谈论他们所经历的挣扎、罪恶,还有他们各自的优势。简化版的九型人格测试能帮助每个人找到自己的人格类型。让我们一起去探索吧。

第十章 价值感

青少年总是做好了冒险的准备。事实上，青春年少之时，总是关乎冒险，寻求刺激，不断尝试新鲜的事。至少，这些事情就是他们脑海中常想的，可能也真的就是他们脑子里的一部分。关于这一点，我们过一会儿再谈。

他们总能先想到冒险，或者说是他们心中认为的那种冒险。一个高中女生告诉我她在生活中备受挣扎，因为她的高中生活本该截然不同。就像大众媒体呈现的那样，高中生活"应该"坐在酒店的酒吧里，未成年就开始喝酒，还要试图发现哪个朋友谋杀了哪个人，一起来评判哪个僵尸或者吸血鬼才是最吸引人的（这是最近我听青少年们谈论最多的电影或节目中的话题）。我们在冒险，活在极端的地带。

==青少年天性喜欢冒险，但是我们相信，孩子只有在自己真==

正需要的东西与众不同的时候才会选择冒险。

除了那些还在童年末期试图找到自己身份的孩子以外，青少年也在努力定义自己。他们想让自己做出的标记引人注意、被人发现和关注。为了尽可能地留下自己的印记，他们会采取任何方式。或者至少，他们选择那些给人"感觉"很冒险的方式。他们想要刷存在感。所以他们就超速驾车、非法用药、看色情电影、和"坏孩子"类型的男孩或女孩约会。这些会让他们感觉到自己存在的意义。对于青少年来说，那些破坏性行为总能给人带来存在的刺激感。事实上，我们想让他们发现和了解的东西远比刺激感更多，我们想要他们找到价值感。

你可能看过这本书或者看过同名电影《霍比特人》。这本书是 J. R. R. 托尔金写的，是《指环王》三部曲的前传。里面的主角是一个叫比尔博的人，他住在一个叫夏尔的美丽村庄中。

比尔博很热爱夏尔这个地方。他想一辈子都住在那里。事实上，他们这个家族几代人都在这里居住。住在同一个洞窟里。霍比特人的生活其实是青少年的反面。他们一点也不喜欢冒险，这也包括了比尔博。他喜欢美食、美酒、安全感，还有他那舒适的藏身小窝。

但突然有一天有人闯进了这个小屋，比尔博的生活发生了翻天覆地的变化。一个名叫甘道夫的睿智老巫师邀请比尔博陪他一起去冒险。"我在找寻一个人，能和我一起去冒险。要找到这个人可不容易。"（甘道夫其实想找的是一位青少年，而不是霍比特人）

"我要再考虑一下——如果说是这方面的话，"比尔博张嘴说话了："我们普普通通，沉默寡言，不喜欢冒险。我们觉得这是一种令人生厌的打扰，会让人极度不适！这也会让你错过吃饭！"

可是，在一番思索和被劝服以后，比尔博决定跟着他出发。在路途中，事情却越来越复杂了。冒险变成了后来我们所知的一场追寻。

"追寻和冒险之间存在什么区别吗？"你可能会问。冒险充满刺激，通常都是乐趣满满，紧张刺激而且十分大胆，这些特点会同时出现。但是追寻所包含的内容就更多了。追寻可以包含以上所有的特点，但却是不能回头的旅行。你开始一场追寻，再回到原点的时候，已经物是人非了。你已经脱胎换骨了，和先前那个自己已经完全不一样了。追寻是朝着某个特定目标前进。这就更像一种寻找、搜索和追求。这就不单单是一场无忧无虑的旅行了，而更多的是一场有目的的旅行。

当你的孩子 15 岁或者 16 岁的时候，他们已经经历过很多冒险了，也已经完成了一些冒险。他们已经准备好参加更多的冒险了。在夏令营里，11年级和12年级的孩子说已经不满足于只在营地里感受那种激动的情绪了，他们想要把自己在营地里学到的东西带到新学期。他们也想回家以后自己就焕然一新了。

甘道夫特地选择了比尔博参加这场追寻。他知道比尔博已经准备好了。他说："比尔博你拥有的比你想象得要多很多，当然也比他自己认为得多很多。"你可能也会对自己的孩子讲这样的话。你心里其实比他们还要早就意识到了这一点。你的孩子已经准备好步入高中生活了。他们可能急切想要冒险，但其实他们更想体验的是一场追寻。他们想要收获价值感。他们想要走出舒适圈，脱离自满的感觉，利用自己的自驱力，不仅仅是去体验更多的东西，还想要去承担更多的角色。

价值感绊脚石

自满情绪

11~12年级的夏令营是我们在霍普顿开设的最经典的夏令营了，实际上，它通常也是最难教的夏令营。或者我应该说开始的这几天是最难教的。但是在夏令营结束后，孩子们都有所收获，他们都成长了。

他们刚刚入营的时候,看起来和比尔博很像。他们很自满、无聊、尖酸,甚至有些铁石心肠。他们等着有人来取悦自己,而不是想着参与一场追寻。他们已经适应了过去那种简单的冒险,那种冒险需要更多的是一时兴起、敢于承担风险的勇气,而不是他们那种积极参与、目标明确的心态。

所以几年前,为了保持我一贯的教学风格,我策划了一场冒险。让我们一起继续往下看,一起不走寻常路。当然你可以把这个方法称为操纵,但我这是为了后面能给他们带来更大的好处。

今年开营第一天,这些孩子们的参与度出人意料地高。他们的双眼好像在说:"已经去过那里,已经做过这些"的感觉了,体现出"让我参与那场冒险吧"的精神状态。

从前,我们营地最欢乐的时候是当小船搁浅的时候。孩子们需要齐心协力才能把船再推入水中。为了实现这个目标,他们只能一起努力推。如果他们想要整个营地的人都一起前进,那么作为个体,他们自己也要出一份力。

通常情况下,我们总是有一些几乎不能运行的老船,船只搁浅是稀松平常的事。在我印象里,这是开营以来第一次所有船只都在水中正常使用。所以这是我自己做的一些小调整。

我们按照计划开始了一天的活动。孩子们去滑水,玩漂流,

第十章 价值感　285

参加了一系列激动人心的水上项目。当我们离开岸边好几百米以后，一艘船搁浅了。他们"被困在沙洲上"了。另外一艘船，在"意外撞上水底某物以后"，也抛锚了。还有一艘船停了。不一会儿，我们的 4 艘船都停在了同一个区域，船上坐着 27 个心急如焚的青少年。

我提议他们马上开始推船。他们一个接一个地从船上下来，然后再两两组队。他们中好几个人不太乐意。但是一会儿后，大部分的孩子都开始推船。

与此同时他们有说有笑，在和彼此建立联系。他们也形成了一种使命感。那种感觉在平时课堂上是不会出现的。也正是那时候，孩子们才发现了自己的价值。于是，他们参与的热情就更加高涨了。直到事情过去几天以后，我才告诉他们，这其实是我安排的一个小小活动。

但那天，当他们需要一些不同的东西时，当他们需要深入自己的内心世界，发现那些我早就知道他们心里拥有的那些品质时，他们行动了。他们放下了这个年纪里很常见的自满情绪，这说明他们也是有意为之的。

当我们写完上一本书《遇见孩子，遇见更好的自己》（*Intentional Parenting*）时，我的出版商起了一个副标题"为飞机设计的自动驾驶"（*Autopilot Is for Planes*），这就准确传达了这本书的信息。育儿是一场有意识的旅行。目标就在那里，而这是一个真实存在的，穷其一生的追寻。自动驾驶设计之初并不是为了父母，也不是为了儿童。尽管，对于孩子来说，面临内心纷繁复杂的变化，很容易就将自己放入自动驾驶的位置上。我记得有一个高中生告诉过我，让别人帮他思考比自己思考要容易得多。那种思维方式会将你带到具有破坏力的冒险之中。这就是寻求刺激的自动驾驶和刻意追求价值感之间的差别。刻意追寻是他们真正渴望的，能给他们带来快乐和意义，这也是他们那个阶段的大脑更加擅长从事的活动。

大脑中的高风险反应

在青春期的后期，相比从前，青少年自我反思的能力和深度都有所加强。然而，与其让这种能力创造更多的渴望，不如让它们在发展过程中彻底停止。因此，也就停止了他们的自满，还有他们那经常冒险，有时具有破坏性的行为。这种停顿在很大程度上与他们大脑中高风险的反应有关。

"我们热爱的那群青少年的脑子里，正在上演一出惊心动魄的战争。这场战争有三个场面。"教育家谢丽尔·范斯坦博士（Dr. Sheryl Feinstein）如是说，她是《青少年大脑的秘密》（*Secrets of the Teenage Brain*）的作者。

首先，青少年的大脑仍在经历深刻的成长和变化（现在神经科学家认为这种情况将持续直到25岁左右）。青少年后期这些年里，他们的大脑更依赖杏仁核，而不是额叶。杏仁核是我们大脑中反应性更强的部分，即判断战斗或逃跑的区域，负责记忆和处理情绪。相比之下，额叶是大脑中支配执行功能的区域，帮助我们做决定、计划和自我控制。然而最终情绪赢得了胜利，导致孩子行事出于反应而非意图，敢于冒险而非探索，缺乏对价值感的追求，而这恰恰是我们知道青少年所需要的。

其次，青少年期是神经递质（一种抑制和刺激行为的化学物质）大量变化的时期，当这些物质波动的时候，就会引发一系列问题，比如抑郁、进食障碍、睡眠障碍等。血清素这种神经递质在这一时期一直保持低水平状态，而这种物质特别有助于我们维持情绪的稳定。

最后，青少年的大脑很容易受到多巴胺的影响。多巴胺这种化学物质和快乐的联系非常紧密，能直接决定人是否会采取冒险性的行为。

如此，多巴胺就控制了青少年的冒险性行为。控制情绪的杏仁核相比负责理性的额叶总是占据上风。这样额叶就不能提醒一个青少年他的行为将会引发一些严重后果。缺乏神经递质的话，人很容易抑郁。而这种抑郁情绪又被能形成多巴胺的行为所掩盖。这是一个危险的反应性的循环，由青少年大脑发生的变化所决定。

我们还是想要给孩子创造更多东西。我们想让他们在思考的时候多借助理性的力量，而不是情绪的力量。我们想让他们做事的时候意图明确，而不仅仅是出于应激反应。我们想要武装他们，鼓励他们朝着他们有能力构建的那个价值前进，而不要接近充满绊脚石的道路，以免阻碍他们的发展。我们当然也希望自己知道如何才能化解这个问题。

直来直去的前门型家长

"如果孩子在某种程度上能预测你的行为，那么他将不再需要你的帮助。"这句话是我们写作的《打开青春期孩子心扉的后门》那本书的开篇语。我们在这本书里，勾画出了家长需要体现出相对性，也要表现得不可预测……如果可能的话，要尽量走后门，也就是表达时有所保留。

无保留型的家长教育自己17岁的孩子时，所用的方法还是像在教育7岁的孩子那样。无论孩子多大，他们都帮助孩子做他们力所能及的事情。

他们会直接给孩子答案。他们经常是对着孩子说话，而不是和孩子交流。

赛西在一次育儿课程上描述过这个问题。她大方地指出这一问题，因为她自己也是这种人格类型的。

"你今天过得怎么样？"这是典型的前门型家长的提问。

"你最近和那个谁怎么样（那个人就是你所了解的和孩子一直不和的人）？"这是典型的后门型家长的提问。

> **和孩子试一试**

"我想今天放学后和你共度美好时光。"这是典型的前门型家长的说法。

"你放学的时候，我们去一下咖啡店吧。因为我们家咖啡喝完了。"这是典型的后门型家长的说法。

"我觉得你需要参加一些志愿活动，因为你似乎还没有找到你的目标。"这是典型的前门型家长的表达。

"我很欣赏你对所有事情都充满热情的状态。你很有奉献精神。我很想帮你找到能发挥你特长的领域，我知道你心里其实很清楚自己有这个能力。"这是典型的后门型家长的表达。

如果孩子在某种程度上能预测你的行为，那么他将不再需要你的帮助。也可能是这样的，如果我们很想要孩子得到一些东西（说得很明显、很直接），他们自己可能就不太想要了。

如果我们帮他们找到了问题的答案，那么他们自己就不会再去寻找了。你明白我的意思了吧？

==对于前门型家长来说，两个最重要的观点是问题意识和共情能力。我们并不想只是对着他们说话。我们不想成为他们应对问题的解决方案。==我们想要帮助他们，让他们自己找到解决方案，这样他们就能帮助自己发现生活的意义。向你正处在青春期的孩子提出一些开放型的问题，一些能够引发他们深度思考的问题。

> "对你而言这意味着什么呢？"
>
> "你觉得怎样才能解决这个问题？"然后再提供一些共情：
>
> "我知道，这种情况真的很难。"
>
> "很抱歉，你今天过得不好。"共情能让他们觉得自己更加容易获得别人的理解，也让别人更加了解他们。这样他们就更能打开自己，愿意说更多的话。

和孩子试一试

后门型家长的方法帮助我们以脱离孩子的方式从根本上引导他们找到自己的方式。然后我们才能问出一些经过深思熟虑的问题，通过共情提供支持，帮助他们找到更有价值的解决方案，然后才能帮助他们找到通向找到自我价值的道路。我们希望他们从现在开始，住在家中的时候，就练习。这样在他们随

第十章 价值感

后的成长道路上，就能平安避开绊脚石。换句话说，我们想要帮助他们找到通向对自己负责的道路。

价值感垫脚石

责任感

最近有大量关于大学生和精神信仰的研究。众所周知，在美国，22岁是参加宗教活动的最低年龄。许多研究都表现了一个现象：在高中时期每月至少去一次教堂的人中，有70%的人在大学期间去教堂的频率下降了。

美国大学生中有64%的人限制自己参加宗教活动。然而，好消息是，那些保持宗教信仰的人甚至变得更加投入。

责任感对青少年来说是很困难的，特别是当他们有一个前门型的家长。对于一个处在青春期末期的孩子来说，他最首要，也是最重要的任务便是发现自己的精神世界。这也是很多经历了精神信仰动摇的人无法完成的任务。他们从未发现过责任感的力量。

这些年来，我们想要将自己不断传递给孩子的东西变成他们真正相信的东西。我们想要外在的知识转变成内在的真理。

这一过程很困难，特别是周围还有很多其他声音的时候。我们需要，他们也需要找到属于自己的声音。

获得责任感的主要途径之一就是提问题。我在办公室里总能听到他们的声音：

"我是不是属于某个群体？"

"我是不是重要？"

"我为什么在这里呢？"

"我到底是谁？"

"我知道很长一段时间以来，一直有人告诉我，我不应该发生性关系。但是我不知道为什么不行？"

"如果他们真的了解我，他们还会爱我吗？"

"生活真的有意义吗？"

这些问题都很好。然而作为父母，这些问题能让我们特别恐慌。他们也能让我们吼叫得更响亮也更久。二者并不是青少年们需要的。他们需要我们陪着他们思考这些问题。他们需要我们保持沉默。他们需要我们提出问题帮助他们找到答案。他们需要在此刻去内化那些外在的真理。

"什么时候你体会到了生命的真正价值？

第十章 价值感 293

生命中最有意义的是什么？"

然后我们有时候可以巧妙地，不经意地在孩子需要的时候，当他们的防备心降低的时候，用一种"后门"的方式，向他们输入自己的想法。

"我有一些想法。如果你感兴趣，我很乐意告诉你。"然后陪着他们静默，静静思考这些问题。

每个青少年都在以这种方式或其他方式问这些问题。他们可能找不到合适的词语表达。但是在帮孩子们做咨询工作五十余年的时间里，我听过数以千计的孩子问了这些问题。他们最想要问的问题是：

"我是谁？"
"我很重要吗？"
"我能创造什么呢？"

那些不知道如何使用恰当词语表达的青少年用其他方式提出问题。你能通过他们的面部表情观察到这些问题。这种妥协的表情表达了"我不知道自己是否重要"的感觉。也有可能，他们通过自己的选择提出了问题。那些做出破坏性选择的青少年总是说:"我不知道自己是谁,我也不知道自己能带来什么改变。"可能他们喝酒是为了填补内心的空虚,一种他们自己都不了解的空虚。这些孩子所缺乏的是价值感——一种认为他们很重要的精神信仰,一种他们能够创造出不同的信仰。

有一年夏天,我正在带一群年纪较大的高中生。那时我们已经一起待了好几天了。他们身上已经没有了自满的感觉,他们的参与度也很高。我正在教他们什么是身份感。我花了几分钟在介绍这个话题。突然间,房间里有个男孩大声放下了自己的笔记本和笔。他站起来,抬起头来,说道:"我很重要。"

我很震惊,但当时我笑了一下,他明白了我的用意。然后另外一件让人吃惊的事情发生了。几乎每个在房间里的孩子都一个接一个地站了起来。每个人都说出了这句话。我至今难忘。

那个场面是赛西和我在全国重演过很多次的。我们连着举办了很多年的一个生命之路项目(Lifeway Event)名字就叫"你和你的女孩"(You and Your Girl)。我们有幸和数千名初高中生的家长还有女孩们交谈。当我们和女孩交谈的时候,会告诉她们这个"我很重要"的故事。我会让她们站起来,自己开口分享这个故事。但是我并没有就此收手。在她们开口说"我很重要"之后,我会给她们机会去说"我不重要"。女孩们会主动站起来,说出诸如"我不漂亮,所以我不重要""我没有什么朋友，所以我不重要"之类的话还有其他各种各样导致女孩觉得自己不重要的理由，但是我并没有停在这里。如果一个女孩站起来说："我不重要，因为……"我会给其他女孩机会去回应。说："你很重要，是因为你是独一无二的。""你很重要，因为你的内在才是最重要的。""你很重要因为你穿了很可爱的鞋子。"（我最爱这句话了）。

当女孩们聚在一起进行"重要""不重要""你为什么重要"的讨论时，她们就团结在一起了。她们得到了彼此的确认。但是比这个更重要的是，她们感觉到了自己的价值。她们感受到了价值。她们知道自己很重要，不仅是因为别人告诉她们的，而是因为她们有机会向其他女孩传达的同一个真理。

最初在营地里首先说出这句话的男孩也是第一个这么做的人。他影响了美国成千上万个孩子。这一切就出于一个原因，他掌握了所学的东西。他理解了对他的外在评价，把这些评价当成外在真理内化到心里。他知道自己很重要，他即便没有大声说出来，我也知道他问出了这些问题。

做为家长的你也很重要，你对于自己青少年时期的孩子来说有着至关重要的作用，即便他们不像10岁的时候表达得那样多。但你能提供给孩子的东西仍然很多，这些东西体现在如何帮助他们内化迄今为止你为他们提供的东西上。安.拉莫特

（Anne Lamott）说"追寻意义的过程本身就能赋予你意义"。让我们鼓励那些我们深爱的青少年去探索，向他们提问，和他们一起去发现一些东西，给他们足够的空间去摸索，让他们找到自己的责任感。这是追寻的一部分，也是他们自己所要面临的非常重要的挑战。

挑战力

有一个特别的男孩。我们叫他约翰。他连续8年都参加了夏令营活动。刚开始他和我们一起的那几天都是一样的。他做什么事情都拖拖拉拉的，他不想帮忙做饭，他不想在集会的时候发言，也不想在祈祷的时候高声歌唱。只要是需要他出力的事情，他统统都不想做。他需要接受挑战。

一个名叫凯特琳的女孩也是连续8年都参加了这个夏令营。再过几个月，她就要开始最后一次以营员的身份参加霍普顿的夏令营了。凯特琳每年的经历都一样，她都会参加集会。她想要待在自己已经认识的人周围从而可以获得安全感。当她感受到不安，不确定自己应该说什么或者对谁说的时候，她选择了女孩最容易选择的，也是最常见的模式——她开始了八卦模式。她没有敞开自己的心扉，却选择了将自己的不安全感藏在琐碎的日常当中。她也需要挑战。对于约翰和凯特琳来说，情况每年都这样。随着时间的推移，他们也逐渐参与其中。但是为了挺身而出的行为，他们都要接受挑战。约翰每年都会受到我们之中的一个引导员的提醒，告诉他自己有能力对小组做出一点贡献。凯特琳则由我们的另外一个女性引导员提醒。她和这个人的关系也很近。她提醒卡特琳潜力无限，能够为自己的善意还有深度迈出第一步。他们两个人也确实照做了，这是可以预见的，就像其他孩子的自满情绪会随时间的推移而消失一样。约翰、凯特琳，还有其他孩子，都应该时不时（或者每次）都接受点挑战，这样他们才能找到自己存在的意义，但是我们让男孩和女孩接受挑战的方式却不尽相同。

在这里我们要中断一会儿。男孩和女孩在这一阶段的成熟状态是不同的。在整个青春期，女孩要比男孩早熟，也更能处理信息，还更具备反思能力。女孩大脑灰质比较多，她们处理信息的能力就更强。她们更注重细节和经验的积累，这也是她们在某些方面挣扎的原因。她们容易将问题复杂化和戏剧化，但她们同样也有能力去感受更加深刻的意义。

人类学家认为，大多数男性的成年仪式都将他们带入无权力的旅途，而女性的生理变化和青春期仪式则具有完全相反的功能，这是年轻女孩拥有权力和尊严的标志。这些仪式为他们的生活提供了所需要的东西，但是双方却从不同的地方开始。

男性直到走完无权力的旅程以后，才能被赋予权力。而女性只有在有人教她们，鼓励她们、相信她们以后，才知道自己拥有权力。

男性需要持续前进，需要有人对他们提出要求。可是，女性从本质上看是依赖关系的，更加喜欢通过对话构建世界。这一点可以通过我们每年夏天和男孩女孩们一起进行的自行车赛上看出来。男孩们花了45分钟的时间骑了22.5km，回家以后总是开口说起（直言不讳地说）谁是第一名。女孩呢，几乎不知道谁赢了，因为她们心里压根没有把这个当作一场比赛。她们成群结队地骑车，两个小时的旅程里充满了欢声笑语。男孩受到的挑战来自运动，女孩受到的挑战则来自关系。男孩们渴望在找寻人生意义上发现自己的价值。女孩们也想发挥作用，但希望这种作用只产生在其他人身上。

约翰是一个时常需要挑战的孩子。他去年夏天遇到了一个很特别的挑战。他在霍普顿夏令营拿到了一把钥匙。实际上，我们给每个参加夏令营的孩子一次当众起身发言的机会，也让他们体验一下所有权。他们每个人都有机会说说自己如何在霍普顿有所改变，并把这种改变从霍普顿带回家。他们和小组的成员一起分享了这次探索。最后，我们将给他们每人一把钥匙，用来让他们记住自己的目标，还有自己的责任。他们肩负着延续霍普顿的使命，其实这也是我们这个夏令营的全部意义了。这段经历是约翰在夏令营时候的最爱项目。他还是会谈论这把钥匙，还有那些通过责任感能够体现出来的全部意义。那个夏天，营员们需要真正掌握的只有责任感，这把钥匙只是充当了视觉象征物而已，并没有实际的功能。

责任感是帮助青少年确立自己意义感的一种关键手段。它有助于帮助他们发现激情和意义感。我们希望他们想起自己目标的时候，充满了热情。我们想要他们相信自己可以有所作为，也希望他们意识到生活会充满意义，还能通过亲身经历体会这种意义。

经验

你是什么时候才第一次体会到了意义感呢？我们都清晰记得自己是何时何地体验到这种感受的。

我（梅丽莎）在 11 年级的时候，参加了女生辅助营的。他们联系我是因为他们需要一个辅导员来帮助那里的孩子们。我也是生平第一次有机会能和小孩子一起分享我的信仰。我完全不知道，一星期的时间竟让我产生了如此强烈的激情。这种激情奠定了我此后人生的道路，也让我创办了一个咨询机构，能够服务超过 1400 个孩子和家庭。这就是我第一次感受到意义的价值。

赛西中学时期参加了一个名为Y青年的组织。她很热爱这个组织。她有机会能够带领小型团队，并且能和女孩们建立联系。这些女孩先是来自她自己学校，然后是她所在的城市，然后随着她慢慢地在组织内升职，这位来自堪萨斯城的女孩就出现了。其实赛西现在也还在做这些事。事实上，她已经是一个非常出色的女孩咨询师了。自从她加入明日之星咨询中心以后，她发挥了自己独特的价值，给数以万计的生命带来了希望。

大卫整个大学期间都在夏令营兼职。他记得每年都有很多营员在自己形成责任感以后回到营地来帮忙。他们在整个学年会和营地里的孩子通信，保持联系。其中一个营员的父母经历了痛苦的离婚过程。那个孩子告诉自己的父亲，自己最想把这个事情分享给大卫，虽然大卫住在另外一个小镇上。父亲就开车送儿子到田纳西州的诺克斯维尔，大卫在那里上大学。这样他们还可以去听一场音乐会。事实上，他就是想和大卫一起待一段时间。

大卫现在已经是大多数男孩遇到困扰时最想倾诉的对象了。特别是在明日之星咨询中心工作的这些年，他已经影响了很多人。他在营地里的那些日子已经让他意识到他是独一无二的大卫·托马斯，他的存在能为这世界创造出重要的价值。

我们三个人在各自人生发展过程中，都品尝到了意义的滋味。（大卫要迟一些，因为他接触的是男孩子，抱歉了大卫）找到合适的方法，通向各自的人生意义是很困难的。对每个人来说都是这样的。我们要不停付出，也要不断服务他人。我们超越了自我，找到了更重要的意义。女生辅助营、Y青年组织还有大卫的营地是我们各自的追寻自我之旅，也是我们那些年的美好经历。

那些年从很多方面来看都具有形成性意义，其中也包括了我们大脑的发展。青少年期排在婴儿期以后，是我们成长的第二大时期。青少年时期学到的东西会伴随终生。所学的东西不单单只有那些营地活动，也包括了对意义的探索和追寻。

你的儿子和女儿在他们青少年晚期也处于他们发展的黄金时期。他们处理信息和反思的能力特别强大。他们能利用大脑成长，也能利用深刻的内心反思不断向内探索自我。

他们也能放眼外界。比起我们已知的内容，他们能找到更多的意义。你的孩子可以认为自己是独一无二的约翰、迈克或者本。你的女儿能够体验到，自己拥有的特质一定是自己所知道，而别人并不能够发现的。尤其是当她体会到对他人的生活产生重要影响以后是什么样的感觉。

最后，也是最重要的一点，他们能向上看。这似乎是表达意义的公式了：向内看探索自我，向外看观察世界，向上看追寻精神信仰，然后可以重新再来一遍。当我们反思过后，发现自己身份的更多内涵，我们可以对外界提供援助。借助我们的各种独特天赋，我们能对别人的生活有所贡献。

就在去年，我们一个朋友给明日之星制作了一个宣传片。他特别展现了"在这里一个生命如何触动另外一个生命"这样的主题。这其实也是我们这个团体一直秉承的使命。这关乎意义，也关乎孩子如何发现真理："你的生活并没有那么糟糕，你能奉献很多东西。"这种分享实际上会让另外一个人感觉到，世界没有那么糟糕。造福别人，最终能造福自己。意义就是这样运作的。

在视频中，几个孩子接受了采访。有处在重要人生阶段的孩子，还有那些已经感受到了自己独特意义的孩子。

有一个女孩恰巧就是我之前提到过的——就是那位患了肿瘤的同学（详见第四章），她说："他们在我脑子里发现了一个肿瘤，足足有一个高尔夫球那么大。我第二天就做了手术。现在还有点迷糊。我需要找一个地方倾诉一下这件事。我父母太关心这个话题了。于是我就来了明日之星。随着我慢慢长大，我从来没有意识到我的疾病经历会转换成那么惊艳的机会，让其他很多孩子都能好好利用。相比我原来生活的样子，已经完全是脱胎换骨了。但是在明日之星，如果你有机会给其他人带来帮助，你就能成为不一样的人。我就不再是患了脑瘤的孩子，或者是那个焦虑抑郁的孩子，我是汉娜。"

另一个接受采访的孩子出生的时候患有基因缺陷，这严重影响了他的体型，虽然这并不影响他帮助我们营地里的其他孩子。"在明日之星，没有人会担心别人的想法。我并不因为身材矮小而觉得自卑或者尴尬。只要我在这里，就不会想那么多了。最开始的时候，我没有把自己当成领袖。但是明日之星真的让我意识到自己可以带领其他人。"

视频的结尾是这样的："无论你的生活发生了什么，你还是能爱别人，你还能有所贡献，你的生活还能拥有目标，你还能有所作为。"

你的孩子在他的生命中还能有所作为。

他仍然是这个世界上独一无二的_____。

女孩也是一样的，她能做的贡献是独一无二的。她一定要明白这一点，女孩渴望知道这一点。帮助你的孩子体验只有他们自己能够创造的价值，一定要在旁边为他们默默加油打气。

不管他们是不是能说出口，你的声音仍然能对他们产生很重要的影响。他们需要你的鼓励。他们仍然需要你的指点。尽管这种指点是从"后门"的角度提出来的。他们需要你的帮助，才能找到人生意义，这就是他们的追求。这对他们来说也是人生中一个非常重要的里程碑，对你来说也是一样的。

你自己的价值

这一周，我和一位十八岁女孩的家长一起坐了一会儿。她进来想问一下自己的女儿最近表现如何，是否准备好去上大学了。多年来，我为这个女孩进行过无数次咨询。她妈妈和我已经是朋友了。她问我最近情况如何，我说自己时间有点紧张。因为我们正处于完成这本书稿的关键期。她问我要给书取什么样的名字，我也告诉了她。她说：这就是我来这里的原因呀！我的孩子顺利到达关键期了吗？

我的回应是，所有孩子都顺利到达了，但也可以说没有到达完全。虽然没有完美的状态，但只有不断练习才能取得进步。

弗雷德里克·布赫纳说："你的使命就是自己最深刻的快乐遇到了最深刻的饥饿之时。"这也是我们在这一章节里想要帮助你的孩子建立的意识，明确他们的使命，他们的意义，他们的目的。我们已经知道了自己的意义，或者至少已经部分知道了。只要你读过这本书。

你的使命有一部分是要注意方向。一定要为他们加油，也要在沿途帮助他们。一定要教导他们，向他们提问，向他们提供只有你能给予的支持。与此同时，做出这些行为的时候一定要带着慈悲。我还要说，你的儿子或者女儿可能在某一方面或另外一方面落后，所有的孩子都这样，但他们可能在其他方面超前。

在过去几天的时间里，赛西、大卫和我一直在讨论这一章里的内容。昨天晚上我碰到了一群11到12年级的女孩。她们急切地想要找寻自己存在的意义。一开始的几分钟，她们在无趣地讨论着学校的午餐。我坐着的时候就在想自己根本不记得高中时期的食堂是什么样的了。坦白说，我觉得自己没有在食堂吃过饭。我为了吃午饭会逃课，用各种各样的理由逃课去吃饭，而老师却也信以为真（至少大多数时候是这样的）。我再向你们坦白一次，我和朋友们要么坐在Taco Kid，要么在泳池或者书店里，然后我们才回学校上最后两节课。

我们也发现了很多意义。我们经常一起祈祷。我们把原来打算买圣诞礼物的钱给那些需要的人，也资助那些需要的家庭过圣诞节。我们是青年团体还有学生组织的领袖。我们这群孩子都很棒，各个都有很强烈的意义感。我们还逃学去了书店。从某种意义上说，我们领先了。可就是在某些领域，我们也落后了。尽管这样，我们还是有父母一直陪在身边，一直爱着我们。

作为家长，你一定要承担起守护者的角色，帮助你的孩子找到属于自己的关键期（希望孩子在上学而不要逃学）。教育孩子，告诉他应该走的那条路。我们可以用芭芭拉·布朗·泰勒描述的那样帮孩子度过自己的情绪里程碑，就像在一对向导的带领下第一次探索洞穴的经历：

他们是多好的向导呀。他们能守护我的安全，同时又能让我锻炼勇气。他们指明了方向，却又不告诉我要去观察什么内容。虽然他们已经无数次踏足此地。但是他们仍旧让我自己探索洞穴。

你在这些年里是孩子的向导，实际在他们全部的生命中都是。你要帮助他们，让他们自己探索洞穴，探索自己的生命，发现自己生命的意义。育儿对你自己而言是一场有意义、充满荣誉且十分重要的探索之旅。你完成这场探索归来以后就大不相同了。你的孩子也会这样的。你需要引导他们，在他们的成长过程中做他们的向导。

我们最后一次重复一下《霍比特人》里甘道夫的话："一定充满耐心，去你该去的地方吧，一定要心怀希望。"

小结

  我们在整本书里，讲了很多关于帮助孩子审视自己的方法。无论你身在何处、无论你在如何努力改变自己，你都可以用这种爱来爱你的孩子，因为这是你收获到的爱。我们都还在一往无前的大道上。在这场追寻成长的旅途中，我们收获到的是一份快乐的工作，是孩子们凌乱、易错、又充满希望、获得成长的护栏。

拥有价值感的家庭练习

1. **体验**。帮助处在青少年期的孩子感受生活的意义。问他们:"你觉得我如何才能帮助你弟弟呢?""你觉得我要做点什么才能回报你的爸爸呢?""我们怎么表现才能证明我们想念奶奶了呢?"不要只是创造机会让他们发展共情能力,而是要通过他们的行为体现共情能力,感受一下具体行为带来的意义。

2. **加油**。只要您的孩子能够发现价值感,扮演什么角色都可以。如果是一个机构或者一次活动的话,您要参与其中。亲自给他加油打气。这样他就能知道你了解他能发挥重要作用。

3. **温柔催促**。如果您的孩子在抵达这个关键期时候遇到了困难,给他提供选择。请求您家里的每个人贡献出自己的力量。如果您的孩子是青少年,那就一起想办法。有些孩子可能不太敢直接踏进这个关键期,需要收获更多鼓励才可以。他们同样能够有所贡献。

4. **一起踏上追寻之旅**。设定一个家庭追求。解释冒险和追寻的差别。描述一个可以让你热血沸腾的冒险,以及如何才能一起完成这种追求。不管是一起开展一次任务,为生病的朋友做一顿饭,或者参加一个组织的志愿活动。让您的孩子能够发表自己的看法。